LA QUESTION ALGÉRIENNE

LA QUESTION

ALGÉRIENNE

ORLÉANS

IMPRIMERIE DE GEORGES JACOB

4, CLOÎTRE SAINT-ÉTIENNE, 4

——

1881

AVANT-PROPOS

Voici ce que Prévost-Paradol écrivait, en 1868, dans des pages vraiment prophétiques :

« Quarante millions de Français, concentrés sur notre territoire, ne sont guère suffisants pour faire équilibre aux cinquante et un millions d'Allemands que la Prusse réunira peut-être sur notre frontière, et à la population croissante de la Russie dans un avenir un peu plus éloigné ; mais combien ce chiffre de quarante millions devient insignifiant, si nous faisons le compte des individus de langue anglaise qui couvriront le globe quand les États-Unis auront atteint leur complet développement, et quand les États anglo-saxons de l'Océanie seront en pleine prospérité !

« Comment nous assurer l'accroissement de population, et où trouver par conséquent l'accroissement de territoire qui seraient alors indispensables pour que le nom français pût compter encore dans le monde? Nous ne pouvons plus songer aux colonies lointaines. Il peut être excellent, au point de vue politique et commercial, de mettre la main sur un *comptoir* comme sera la Cochinchine ; mais, quant aux colonies véritables, celles où l'on peut s'implanter pour multiplier, on n'en voit plus à fonder dans le monde : la place est prise, et alors même qu'il resterait au loin un poste favorable à occuper, comment décider les Français à s'y établir ? La Nouvelle-Zélande, aussi grande que l'Angleterre, favorisée

du climat le plus tempéré, et si bien placée pour faire un certain équilibre à l'Australie, a été longtemps sous notre main sans que nous
ayons daigné la prendre, et d'ailleurs, si nous y avions planté le
drapeau de la France, nos nationaux l'auraient-ils suivi, et verrait-
on aujourd'hui sur cette terre des villes, des fermes, des ateliers,
une presse libre, un parlement, tout ce qu'y a porté enfin en quelques années l'émigration anglo-saxonne? Si pourtant la population
s'accroît si lentement sur notre territoire, et s'il n'y a plus à
tenter la fondation de quelque lointain empire, toute chance nous
est-elle enlevée de multiplier rapidement le nombre des Français,
et de nous maintenir en quantité respectable sur la terre?

« Nous avons encore cette chance suprême, et cette chance s'appelle d'un nom qui devrait être plus populaire en France, l'Algérie.
Cette terre est féconde; elle convient excellemment par la nature
du sol à une nation d'agriculteurs, et l'amélioration du régime des
eaux, qui est en ce pays la question la plus importante, n'est nul-
lement au-dessus de notre science et de nos richesses. Cette terre
est assez près de nous pour que le Français, qui n'aime pas à
perdre de vue son clocher, ne s'y regarde pas comme exilé, et
puisse continuer à suivre des yeux et du cœur les affaires de la
mère patrie.

. . . .

« . . . . . Il n'y a que deux façons de concevoir la destinée
future de la France : ou bien nous resterons ce que nous sommes,
nous consumant sur place dans une agitation intermittente et impuissante, au milieu de la rapide transformation de tout ce qui
nous entoure, et nous tomberons dans une honteuse insignifiance
sur ce globe occupé par la postérité de nos anciens rivaux, parlant
leur langue, dominé par leurs usages et rempli de leurs affaires,
soit qu'ils vivent unis pour exploiter en commun le reste de la race
humaine, soit qu'ils se jalousent et se combattent au-dessus de nos
têtes ; ou bien de quatre-vingts à cent millions de Français, fortement établis sur les deux rives de la Méditerranée, au cœur de
l'ancien continent, maintiendront à travers les temps le nom, la
langue et la légitime considération de la France. Qu'on en soit bien
persuadé : ce n'est pas à un moindre prix, ni avec de moindres

forces, qu'on pourra être compté pour quelque chose et suffisamment respecté dans ce monde nouveau, que nous ne verrons pas, mais qui s'approche assez pour projeter déjà sur nous son ombre, et dans lequel vivront nos petits-fils (1). »

Une partie des événements prévus par l'auteur de ces lignes se sont déjà, hélas! réalisés. Le cri suprême de Prévost-Paradol, ce cri inspiré par le patriotisme le plus pur et le plus prévoyant, sera-t-il enfin entendu, et nous fera-t-il comprendre quel intérêt vital pour la France s'attache à l'Algérie?

Une entreprise coloniale ne peut réussir que si, prenant pour point de départ l'expérience et l'observation, elle procède avec prudence et méthode. En ce qui nous concerne, l'heure des incertitudes et des tâtonnements semble passée. Depuis cinquante ans que nous y sommes installés, l'Algérie a dû nous livrer toutes les données du problème que soulèvent son peuplement et sa mise en valeur. S'il s'agit bien définitivement d'une terre française à créer, et non d'un champ d'exploitation à ouvrir, nous n'avons qu'à marcher en tirant de ces données les déductions ou plutôt les solutions qui en découlent, en un mot en prenant pour guide la logique, non des tendances et des circonstances occasionnelles.

Il faut avoir la franchise de le reconnaître, presque tous les programmes algériens ont tourné jusqu'ici autour d'une équivoque; systématiquement, et sans nul doute pour ne pas provoquer au sein de la colonie des controverses et des divisions faciles à prévoir, on a toujours évité d'aborder

(1) *La France nouvelle*, par Prévost-Paradol, 1 vol. in-12. Michel Lévy, 1875, p. 413 et suivantes.

nettement la question des indigènes, de dire quelle place et quel rôle on entendait leur réserver dans l'assiette définitive de l'Algérie. Et cependant, si l'on réfléchit que ces indigènes sont 2,500,000, qu'ils sont huit fois plus nombreux que les Européens, on conviendra que c'est là un point capital et sans lequel il n'y a pas de programme d'ensemble possible. Il y a plus : en négligeant plus longtemps de l'éclaircir, on risque de soustraire irréparablement la solution de la *question algérienne* à l'action d'une politique prévoyante et sûre d'elle-même.

Cette solution, je n'ai pas la prétention de la donner. Le seul but de mon travail est d'appeler l'attention sur l'importance exceptionnelle d'un problème tout d'actualité, de chercher à en poser les termes avec précision, et enfin d'apporter, en vue du résultat, mon faible contingent de renseignements et d'idées. Pour recueillir les uns et former les autres, j'ai mis à profit quelques mois que les circonstances m'ont amené à passer en Algérie. Mon travail est le résumé mis en ordre de mes observations propres, et dans une large mesure de celles que m'ont suggérées mes entretiens avec les fonctionnaires et les hommes du pays. Mon plus vif désir serait de contribuer par là, pour une modeste part, à une œuvre qui sollicite toutes les bonnes volontés.

LA

QUESTION ALGÉRIENNE

I

La portion de l'Afrique du Nord soumise à notre domination mesure, approximativement, 43 millions d'hectares. La France en contient 53 millions, soit à peu près un cinquième de plus. L'Algérie pourrait donc nourrir un minimum de 30 millions d'habitants, si sa puissance de production était égale à celle de la France. Cela n'est vrai, du moins pour le moment, que du Tell, c'est-à-dire de cette bande de terrain qui va de la mer aux pentes septentrionales des Hauts-Plateaux (1). La surface du Tell est évaluée à 14 millions d'hectares. Son sol est propre à toutes les cultures et présente, dans les plaines et dans les vallées, une couche de terre végétale d'une épaisseur exceptionnelle.

La richesse de ce sol étant donnée, si l'on considère en outre que, dans les pays chauds, les besoins

(1) Voir, à l'*Appendice*, la note *A*.

sont infiniment moindres que dans les pays froids et brumeux, on est amené à conclure que le Tell est susceptible de recevoir une population d'environ 10 millions d'habitants, tant agriculteurs qu'industriels et commerçants. A l'heure qu'il est, il n'en renferme que 2 millions 400,000.

Voici, en effet, en nombres ronds, ce que lui attribuent les statistiques :

Français....................................	160,000
Israélites naturalisés	35,000
Espagnols..................................	95,000
Italiens et Maltais.........................	40,000
Allemands, Irlandais, Anglais, Grecs, etc....	25,000
Indigènes................................	2,000,000
TOTAL.................	2,355,000

Avec 500,000 indigènes environ que renferme la région saharienne, cela fait, pour toute l'Algérie, une population qui n'atteint pas 2,900,000 habitants, sur lesquels 160,000 Français seulement et autant d'étrangers.

Ces chiffres sont faits pour frapper. Deux nations presque égales à la nôtre, et en tout cas aussi voisines et plus voisines de notre colonie que nous-mêmes, comptent, sur le sol algérien, presque autant de nationaux que la France.

A côté de ce fait, il en est un autre non moins digne d'attention. Les colons français sont à peine au nombre de 160,000, et il y a cinquante ans que nous avons, pour la première fois, posé le pied sur le rivage africain. Nous sommes en présence d'une immigration annuelle certainement inférieure à 3,000 colons, si l'on tient compte des naissances et de la population flottante, fonctionnaires, commerçants, spéculateurs, qui, pour une bonne part, rentrent en France au bout d'un certain nombre d'années (1).

Si cependant, partant de cette donnée et de l'excédant des naissances sur les décès, tel qu'il ressort de la statistique des dix dernières années, nous calculons combien de temps il faudrait pour amener dans le Tell les 10 millions de Français que comporterait son peuplement normal, nous trouvons que plus de cinq cents années seraient nécessaires à ce résultat.

Voilà la réalité dans toute sa sécheresse, dans toute sa rigueur mathématique, et il serait téméraire d'espérer que l'adoption de mesures plus libérales envers les émigrants français, la conception d'un régime plus favorable aux colons pussent modifier sensiblement cette situation.

D'ailleurs, ne parler que du Tell serait envisager d'une façon beaucoup trop étroite le rôle que la France

---

(1) Le relevé pour 1879 du mouvement des arrivées et des départs fournit les données suivantes :

COLONS ÉMIGRANTS (PASSAGES GRATUITS) :

Arrivées......................	2,340
Départs.......................	700
RESTE...........	1,640

Il y aurait à ajouter à ce chiffre les immigrants français qui font le voyage à leurs frais. Mais, dans les statistiques, ils sont confondus avec les voyageurs de toute nationalité qui viennent en Algérie. Le nombre, dans tous les cas, ne saurait en être bien élevé. (Voir, à l'*Appendice*, la note *B*.)

est appelée à jouer en Algérie. Nous ne pouvons oublier, en effet, qu'au-delà du Tell s'étendent plus de 10 millions d'hectares, aujourd'hui en steppes (1), mais que demain un reboisement peut rendre à l'agriculture, par le seul effet de l'amélioration du climat; que plus loin enfin s'ouvre, champ d'action presque indéfini, cette région saharienne, jusqu'ici parcourue seulement par les caravanes, mais où la sonde multiplie de jour en jour les oasis, et crée les étapes de la route qui mènera au Soudan.

Si la France fournit peu d'émigrants, ce n'est certainement pas, comme on l'a prétendu, que l'esprit de colonisation nous fasse défaut. N'est-ce pas nous qui avons peuplé la Louisiane et le Canada? N'avons-nous pas failli fonder aux Indes un grand empire colonial? Mais, possédant un sol fertile et qui, pour longtemps encore, peut suffire à tous ses habitants, nous avons à peu près cessé d'émigrer le jour où l'admission de tous les enfants au partage des patrimoines a cessé de mettre les derniers venus des familles dans la nécessité de se faire moines ou d'aller chercher fortune au dehors.

Depuis la Révolution, le Français s'est fait des habitudes de plus en plus sédentaires, et, dès lors qu'ils possèdent un coin de terre ou seulement de bons bras, il n'est guère de nos paysans à qui on puisse sérieusement parler d'expatriation. Le travail, en effet, peut-il leur manquer, et le dernier manœuvre n'obtient-il pas de ses journées le prix qu'il veut?

Il existe pourtant en France une province où se

(1) Les Hauts-Plateaux.

maintient un courant d'émigration : c'est le pays basque; mais ce courant se porte exclusivement vers l'Amérique du Sud. Comment n'est-on pas parvenu à le dériver vers une terre française, à proximité de la métropole ? C'est dans le caractère du Basque qu'il faut chercher la réponse à cette question. Excellent et vaillant soldat s'il s'agit de faire campagne, le Basque est essentiellement réfractaire à la vie de caserne, aux minutieuses obligations de la discipline militaire. S'il quitte son pays, c'est pour échapper à la loi du recrutement. En Algérie, il aurait un an de service à faire : c'est assez pour qu'il s'éloigne sans retour de notre colonie d'Afrique.

II

Ainsi donc, à peine entrés dans l'examen de notre sujet, nous rencontrons devant nous une vérité pénible, mais évidente : c'est qu'il est impossible de peupler l'Algérie avec le seul concours des colons français (1). Devons-nous recourir à la ressource du colon de provenance étrangère ou, pour réduire la question à ses véritables termes, à la ressource des colons italiens et espagnols, qui seuls se dirigent en nombre important vers notre colonie ?

Dans ces dernières années, l'accroissement de l'élément espagnol et de l'élément italien, c'est un fait

(1) Voir, à l'*Appendice*, la note *C*.

constaté, a été très-rapide. Il y a deux courants d'émigration bien prononcés qui se dirigent, l'un de l'Espagne
vers la province d'Oran, l'autre de l'Italie et de l'île de
Malte vers la province de Constantine. Les Espagnols,
au nombre de près de 100,000 pour l'Algérie entière,
dominent de beaucoup l'élément français dans la première de ces provinces, et l'on peut prévoir le jour
où, dans la seconde, les Italiens et les Maltais auront
le même avantage.

Est-ce là une progression que nous devions encourager? Quand nous ne saurions pas combien rapidement se développent les tendances séparatistes dans
les colonies ainsi formées d'éléments européens hétérogènes (exemple : les colonies anglaises), les visées
de l'Espagne sur le Maroc, les intrigues des Italiens en
Tunisie (1) devraient suffire à nous mettre en garde
contre un système de peuplement où l'influence des
contingents étrangers n'aurait pas de contrepoids.

Si le désir, incontestablement légitime, de travailler
pour la grandeur de notre propre pays, et non pour
celle de quelque pays limitrophe en qui nous finirions
par trouver une rivalité redoutable, même sur le continent européen, nous conduit à écarter absolument
tout projet de colonisation au moyen des immigrants
espagnols et italiens, à qui donc s'adresser? à quel
élément recourir pour le peuplement de l'Algérie? La
question, ainsi posée, n'admet qu'une réponse.

N'avons-nous pas déjà, en effet, constaté sur ce sol
relativement désert l'existence d'un groupe de popu-

(1) Ces lignes étaient écrites avant l'entrée de nos troupes en Tunisie.

lation comprenant plus de 2,500,000 individus, c'est-
à-dire huit fois plus considérable que toute la colonie
européenne? Et n'est-il pas manifeste que c'est dans
cet élément, déjà si important, ainsi que dans ses
accroissements naturels, que nous devons chercher
l'auxiliaire, le complément nécessaire de la colonisation française?

Ici sans doute se posent plusieurs questions prélimi-
naires. Cet élément étant donné, avec sa race, sà religion, ses institutions, ses mœurs, est-il ou n'est-il pas
assimilable? Tout dépend de ce point, et, selon qu'il
sera permis ou non de se prononcer pour l'affirmative,
notre colonie algérienne verra, telle est du moins notre
conviction, l'horizon s'ouvrir devant elle ou se borner.

III

La population indigène, vulgairement désignée sous
le nom unique d'Arabes, comprend en réalité deux
races très-différentes : 1° les Arabes proprement dits,
descendants des hommes qui envahirent l'Algérie
aux VIIe et IXe siècles ; 2° les peuplades d'origine
berbère : Kabyles ou Q'baïls, Chaouias, Mzabites, Toua-
regs, etc. (1).

(1) Je néglige, pour plus de clarté, les Maures et les Turcs, qu'on ne
trouve que dans les villes, où ils se livrent au commerce, et dont le
nombre va décroissant de jour en jour. Je laisse également de côté les
indigènes israélites, que le décret du 24 octobre 1870 a naturalisés en
bloc.

Les Berbères sont les vrais autochtones. Dès la plus haute antiquité, sous le nom de Libyens ou de Numides, ils occupent le pays. D'où venaient-ils ? On l'ignore. Leur langue les rattacherait au groupe syriaque, bien que la Kabylie, l'Aurès, le Mzab parlent des dialectes assez différents. L'occupation romaine paraît avoir influé profondément sur ces peuplades. Elle a laissé, dans leurs mœurs comme sur leur sol, des traces considérables (1). Après les Romains vinrent les envahisseurs : Vandales, Arabes, Maures et Turcs, devant qui les Berbères se retirèrent, soit dans les massifs montagneux du Maghreb (2), soit dans les oasis du Sahara, où ils surent conserver une indépendance presque complète. Quand nous sommes entrés pour la première fois dans l'Aurès, on aurait eu peine à trouver un Chaouia qui sût parler l'arabe ; c'est grâce à nous que les choses ont changé à cet égard, comme je l'exposerai plus loin.

Parlant des Numides, ces ancêtres des Berbères, Salluste disait : « C'est une race de saine et forte constitution, agile, alerte, dure au travail ; la plupart périraient de vieillesse sans les blessures du fer ou la dent des bêtes féroces qui abondent dans ces régions. Il est rare que la maladie vienne à bout de ces corps robustes. »

Prenons un portrait plus récent ; je l'emprunte à un officier distingué des bureaux arabes, le commandant Rinn : « Le Kabyle — on peut lire le Berbère — est sé-

(1) Voir, à l'*Appendice*, la note *D*.

(2) Il faut entendre par Maghreb l'ensemble des États barbaresques, c'est-à-dire cette sorte de vaste îlot qui se trouve compris entre la mer et le Sahara.

dentaire et habitedes maisons de pierre ou de pisé, plus
ou moins bien construites ; riche ou pauvre, il travaille
en toute saison, et tient la paresse pour une honte et
un vice indigne d'un homme libre. Il sait et pratique
toutes sortes de métiers, d'industries ou de commerces,
et envoie chaque année, pendant la belle saison, quelques-uns de ses enfants adultes chercher dans les villes
françaises un travail rémunérateur ; car il est économe,
intéressé, prévoyant et rangé, comme tous ceux qui
ne possèdent l'argent qu'à force de labeur et de
peine. »

Le Berbère est musulman, mais il n'est ni dévot ni
fanatique. Converti à l'islamisme après la conquête
arabe, il n'a adopté du Coran que la loi religieuse. Il
a généralement conservé la monogamie. Quant à sa
constitution politique, elle est restée essentiellement
démocratique, municipale et fédérative. Chaque village
forme un petit centre ayant son conseil — ou djemm-
mâa — et son maire — ou amin, — nommés à l'élec-
tion.

C'est la djemmâa qui rend la justice, non d'après
le Coran, mais d'après d'anciennes traditions, qui
paraissent dériver du droit romain, et qu'on nomme
kanouns.

Peu ou point de lien entre les villages : partant, accord difficile pour une action commune. Évidemment,
nulle situation ne peut être plus avantageuse pour assurer notre domination.

En résumé, le Berbère est un agriculteur ayant la
passion de la propriété privée, laborieux, économe,
sobre, monogame, démocrate, musulman très-modéré

et — si l'on peut ainsi parler — point clérical, imbu au contraire d'esprit laïque dans sa religion. Y a-t-il dans ce type un seul trait qui soit fait pour décourager nos vues à son égard? Loin de là. J'oserais presque dire : cet homme ressemble, pour ses parties profondes, au paysan de France, et ce n'est que par des points tout à fait accessoires qu'il en diffère. Il ne conçoit, il est vrai, jusqu'ici, que le patriotisme local : il n'aime que son village. Tant mieux ! félicitons-nous de cette lacune, de cette case vide, car c'est la France qui la remplira plus tard ; et en attendant, l'esprit particulariste du Berbère facilite l'établissement de notre domination.

Contrairement au Berbère, l'Arabe est nomade et habite la tente. Dans le sud et sur les Hauts-Plateaux, il est exclusivement pasteur; dans le Tell, il est à la fois pasteur et laboureur.

Le labourage est, en effet, le seul travail manuel qui ne soit pas humiliant aux yeux de l'Arabe, et encore ne l'exerce-t-il que s'il est trop pauvre pour se faire suppléer. Il est, en effet, essentiellement paresseux : il croupira dans la misère et mourra de faim plutôt que de s'astreindre à un travail continu. Il fait faire par sa femme les choses nécessaires aux besoins de la tente. On ne trouve dans les tribus ni un ouvrier, ni même un marchand.

L'Arabe est vaniteux et orgueilleux; il aime passionnément l'argent, pour pouvoir paraître et briller. Tout chez lui est ostentation : ses vices comme ses vertus, et, parmi celles-ci, sa générosité, son hospitalité et son courage, qui sont les trois côtés brillants de son caractère.

L'Arabe le plus misérable a toujours une certaine grandeur sous ses haillons; ses manières sont polies et obséquieuses, son langage imagé; mais le fond du caractère de la race est faux et cauteleux.

L'Arabe a pour la guerre une véritable passion. « Faire parler la poudre » est son plus grand bonheur, que ce soit à la chasse, dans une fantasia ou à la guerre.

En somme, malgré quelques côtés brillants, le niveau moral de l'Arabe est bas, et sa religion, son état social, opposent un obstacle grave à son relèvement.

Ce n'est pas que l'islamisme soit en lui-même une religion démoralisante; mais malheureusement, dans le Coran, la loi religieuse, la loi civile, la loi criminelle et la loi politique sont absolument confondues. Il en résulte que tout gouvernement réellement musulman est un gouvernement absolu, et qui pis est, de l'espèce la plus mauvaise, puisqu'il est théocratique.

Ce gouvernement absolu et despotique, dont le chef réunit à la fois les pouvoirs spirituel et temporel, qu'il se nomme sultan, émir ou cheick, est la vraie cause de l'abaissement moral du peuple arabe. Et c'est parce que les Berbères n'ont pris de l'islamisme, comme je le disais plus haut, que sa loi religieuse, parce qu'ils ont su garder leur vieux droit coutumier et leurs institutions démocratiques, qu'ils sont restés bien supérieurs aux Arabes.

Les Arabes, en Algérie, sont répartis en une masse de tribus indépendantes les unes des autres, souvent en querelle, pouvant parfois, cependant, se réunir contre un ennemi commun, surtout dans un intérêt religieux, mais incapables de se constituer d'une manière définitive et de former un ensemble ou une nation.

Au contraire, chaque tribu forme un tout sur lequel le chef a une autorité absolue et sans contrôle. Ce chef appartient, le plus souvent, à la noblesse d'épée ; quelquefois aussi, il appartient à la noblesse religieuse : c'est alors un marabout. Chacune de ces deux noblesses voit généralement l'autre d'un mauvais œil et cherche à se substituer à elle. Leur rivalité a souvent été, entre nos mains, un moyen de gouvernement.

Je ne puis résister au plaisir de compléter ce double portrait par une esquisse détachée d'une récente publication de M. Onésime Reclus (1). Les traits respectifs du Berbère et de l'Arabe y sont tracés avec une concision et un relief remarquables :

« Une chose les distingue avant tout : le séjour. Le Berbère, habitant de la montagne, a les vertus du montagnard ; l'Arabe est l'homme de la plaine, avec ce que le pays bas, plat, chaud, clément, donne de qualités et de vices.

« Par cette différence de séjour, le Berbère est l'Auvergnat, le Limousin, le Savoisien de l'Afrique ; l'Arabe en est le gentilhomme qui se ruine, artiste auquel chaque jour qui passe ravit l'enivrement d'un songe, lazzarone que le Berbère et le Français chassent peu à

---

(1) *France, Algérie et Colonies*, par O. Reclus, un vol. in-18 (Hachette, 1880).

peu de sa place au soleil. Pendant que le Berbère pioche la montagne, l'Arabe de la plaine et du désert méprise le travail des champs. — « Où entre la charrue entre la honte. » — Sous la tente, dans les gourbis, il aime à rêver, tandis que sa femme et son bourricot versent leur sang en sueurs sous les cruels soleils. C'est l'ami des hyperboles, des contes bleus entre la cigarette et le café noir, l'ami des chansons nasillardes, l'ami de la chasse, l'ami des combats, l'ami surtout du soleil et de l'ombre, selon l'heure et la fantaisie.

« Nomade par instinct, ce peuple l'est aussi par l'indivision de la propriété dans un grand nombre de tribus : sans droits sur le sol, qu'ils cultivent par octroi temporaire, les Arabes l'égratignent à peine. Vaincus, ils se courbent. — « C'est, disent-ils, la volonté de Dieu. » — Ils disent aussi : « Baise la main que tu ne peux couper. »

« Le Berbère, lui, travaille bravement, et partout, et toujours. Ni rêveur, ni poète, c'est un homme de labour, de métier, un épargneur, un avare. Sa race emplit les cités et les champs du Tell : métayers et moissonneurs, colporteurs et ouvriers, ces émigrants gagnent peu ; mais de privation en privation ils font fortune au milieu des Roumis, si c'est battre monnaie qu'acquérir le prix d'un champ, d'une vache ; alors ils reviennent, pour la plupart, au pays natal, où la propriété est fortement constituée, et qu'administrent des djemmas ou municipalités élues au suffrage de tous, communes orageuses que divisent des çofs, ou partis, éternellement en lutte. »

Que conclure de ce double portrait ? Que le Berbère

est admirablement préparé, par ses habitudes et son tempérament, à recevoir notre civilisation, tandis que pour l'Arabe la question est au moins douteuse : son assimilation, dans tous les cas, sera lente et difficile, et ne pourra être tentée par les mêmes moyens que pour le Berbère.

Par une bonne fortune qu'on ne peut apprécier trop haut, l'Arabe est moins nombreux que le Berbère. Des 2,500,000 indigènes qui occupent l'Algérie, il est peut-être impossible, en ce moment, de dire avec une exactitude absolue combien appartiennent à la race arabe, et combien à la race berbère ; toutefois, on peut avancer, sans crainte de se tromper beaucoup, qu'en laissant de côté 100,000 individus comme représentant des éléments hétérogènes : Juifs, Turcs, Maures, etc., les 2,400,000 restant comprennent 1,700,000 Berbères et 700,000 Arabes. Et encore la ligne de démarcation n'est-elle pas bien nette. Les croisements et les contacts ont créé tout un groupe intermédiaire d'Arabes berbérisants ou de Berbères arabisants qui participent du caractère et des mœurs de l'une et de l'autre race, mais en inclinant visiblement vers le type berbère, qui, étant le plus énergique, a, par suite, le plus de fixité.

D'après les chiffres qui précèdent, il y aurait donc en Algérie trois Berbères au moins pour un Arabe.

IV

Nous venons de tracer à grands traits le caractère du Kabyle et de l'Arabe. Les pays qu'ils occupent respectivement portent l'empreinte des qualités et des défauts des deux races. Dans les contrées montagneuses et difficiles où la conquête arabe d'abord, et la domination turque ensuite, ont refoulé le Berbère, nous constatons l'existence d'une culture avancée qui permet à la famille de vivre sur un petit champ. Partout, au contraire, où l'Arabe s'est établi, — dans les plaines de la Métidja, du Chéliff ou ailleurs, — nous n'avons trouvé à notre arrivée que des cultures chétives.

Le point de départ de l'œuvre à accomplir, la mesure qui doit servir de fondement à toutes les autres, qui doit nous rattacher la partie laborieuse de la population indigène et faire disparaître les éléments réfractaires à tout travail, c'est l'établissement de la propriété individuelle dans les tribus. Il faut la constituer là où elle n'existe pas; la respecter, la fortifier et l'étendre là où elle existe déjà, comme dans la Kabylie et la majeure partie de la province de Constantine (1). Ne savons-nous pas déjà que, pour le Berbère comme pour nos paysans, la propriété est le but de toute économie?

---

(1) Les terres appartenant aux indigènes sont divisées en terres *arch* et terres *melk*, suivant qu'elles sont possédées à titre collectif ou à titre privatif. Les terres *melk* se rencontrent surtout en pays berbère.

On ne saurait trop insister sur ce trait, car, pour les hommes, il est l'accès même de la civilisation. Le passage de la propriété indivise à la propriété particulière est, pour tout peuple en marche, la crise décisive, et il n'y a plus à désespérer de celui qui a su la franchir.

Mais, nous dira-t-on, si vous voulez partager le sol entre les Arabes, entourer de garanties spéciales la propriété indigène, où prendrez-vous désormais la terre que le Français désireux de s'établir en Algérie réclame, et qui lui a été libéralement accordée jusqu'ici ? Voulez-vous retenir la colonisation française dans ses limites actuelles, fermer pour elle l'avenir ?

Jamais pareille idée n'est entrée dans notre esprit ! Loin de vouloir borner notre colonisation à son extension présente, nous n'avons qu'un désir : lui voir prendre l'essor le plus rapide ; et s'il y avait antagonisme d'intérêts, c'est, sans hésiter, à ceux de nos compatriotes que nous donnerions la préférence. Mais, dans notre conviction, l'intérêt du colon français est inséparable de celui de l'indigène, loin de lui être opposé, et l'assimilation de ce dernier doit suivre la colonisation française, celle-là secondant et complétant celle-ci.

Dès 1847, le maréchal Bugeaud, ce soldat laboureur qui a eu la gloire d'entrevoir le premier, et peut-être avec plus de netteté qu'on ne l'a jamais fait depuis, la solution du problème algérien, s'exprimait ainsi sur cette question :

« Nous devons tendre, par tous les moyens possibles, à nous assimiler les Arabes, à modifier graduellement leurs mœurs. En leur rendant notre joug tolérable, nous affaiblirons beaucoup chez eux l'esprit de révolte. Pour atteindre notre but, il ne faut pas, selon nous, *les mettre dans une zone et nous dans une autre*...... Il nous paraît infiniment plus sage de *mêler les indigènes à notre société et de les faire jouir de tous les avantages qu'elle comporte.*

« C'est par le contact continuel que leurs mœurs se modifieront, qu'ils prendront d'autres habitudes agricoles ; le goût de la propriété bâtie et des cultures sédentaires leur viendra par l'exemple. Quand ils l'auront, ce goût, il y aura un grand pas de fait. . . .

« ..... D'après ces grandes considérations, *nous voudrions voir marcher de front la colonisation arabe et la colonisation européenne.* »

C'est pendant la période de la lutte, alors que les Arabes nous disputaient encore la possession du sol algérien, que ces lignes étaient écrites. Depuis lors les idées qu'elles expriment n'ont pas cessé un instant d'être vraies.

V

Voyons donc par quels procédés fonctionne la colonisation, et dans quelle mesure elle répond à ce programme.

Chaque année, des commissions, présidées par les administrateurs et composées d'agents spéciaux pris dans les ponts et chaussées, le corps des géomètres arpenteurs, et d'un représentant du Conseil général, parcourent le territoire des communes mixtes, et pro-

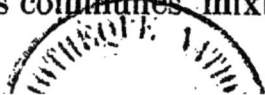

cèdent au choix et à la délimitation des terrains qui, par
leur fertilité, leur salubrité et le voisinage de l'eau,
leur paraissent le plus propres à l'établissement de
centres européens.

Le travail des commissions est soumis au gouverneur
général, qui, se plaçant au point de vue des besoins de
la colonisation, de la sécurité des villages et de l'appui
qu'ils doivent se prêter mutuellement, arrête définitivement le programme des créations à faire.

Ce programme n'est exécuté que deux ans après.
Cette période doit servir à rendre libres, par voie
d'achat ou d'expropriation (1), les périmètres compris
dans le plan d'ensemble, à préparer les lotissements, à
doter les villages futurs des voies de communication et
des installations les plus nécessaires, telles que distri-
bution d'eau, maison d'école, mairie, église, etc., et
enfin à donner au programme de la campagne coloniale
à entreprendre la plus grande publicité possible. Ce
programme est en effet envoyé à l'avance dans toutes
les préfectures de France, où il est tenu à la disposition
des personnes qui ont le désir d'obtenir des concessions
en Algérie, et où il sert à les diriger dans leurs demandes.

Aucune réserve n'est faite pour les indigènes dans les
périmètres de la colonisation. Les anciens propriétaires
sont condamnés à s'éloigner, ou, s'ils ne veulent pas
quitter la terre où ils ont vécu jusque-là, — ce qui est

_____

(1) En vertu de la loi du 16 juin 1851, l'arrêté du gouverneur général
remplace, en Algérie, le décret d'utilité publique exigé par la loi du
1er octobre 1844. Les indemnités à allouer aux individus expropriés sont
fixées par le tribunal.

souvent le cas chez les Berbères, — à se mettre, comme khammès (domestiques, métayers), au service des colons.

Deux traits essentiels caractérisent ce système : il ne procure de la terre aux colons qu'en l'ôtant aux indigènes ; il constitue des cercles exclusivement européens, d'où les indigènes sont écartés avec soin en tant que propriétaires (1). Pourquoi cette exclusion absolue? Ne veut-on pas de l'indigène comme élément intégrant de la colonie? Veut-on risquer de faire disparaître cette population de 2,500,000 habitants, ou la rejeter dans le désert? Ou bien ne voit-on pas que le système qu'on applique va à ce résultat, si plein de périls pour l'avenir de l'Algérie (2)? Comment admettre en effet que les indigènes prospèrent, multiplient, se convertissent à nos mœurs et à notre civilisation, s'assimilent à nous, si nous leur prenons leur bien, leur foyer; si nous en faisons des exilés, des vagabonds, à moins qu'ils ne restent comme mercenaires sur ce sol où ils furent maîtres; si entre eux et nous nous interposons sans cesse ou la distance ou la déchéance sociale; si enfin nous ne les admettons, à titre d'égaux, à aucun contact.

Mais continuons. Quand les commissions chargées d'étudier la création de nouveaux centres ont jeté leur

(1) En vertu de l'article 43 du décret du 30 septembre 1878, qui fixe le régime des concessions, il est interdit à tout individu devenu propriétaire par voie d'attribution gratuite de vendre ou céder sa concession, sous quelque forme que ce soit, aux indigènes non naturalisés, pendant une période de vingt ans, si elle provient de lots de fermes, et de dix ans, si elle provient de lots de villages. Ces délais partent du jour de la concession définitive.

(2) Voir la note *E*.

dévolu sur un territoire, le seul moyen de l'occuper est de recourir à l'expropriation. On applique la loi du 16 juin 1851. L'Arabe, ancien propriétaire du sol, reçoit une indemnité en argent qui est fixée par les tribunaux. Elle varie généralement de 50 à 60 fr. par hectare. L'indigène dépossédé se trouve donc, de la sorte, échanger les trente ou quarante hectares de terre sur lesquels il vivait aisément, lui et sa famille, contre une somme de 1,500 à 2,000 fr. C'est-à-dire qu'au lieu d'un fonds de terre suffisant, sa vie durant, à tous ses besoins, il n'a plus qu'un capital qu'il épuise en une ou deux années.

On a bien songé à offrir des terres aux indigènes dépossédés, mais sans souci de l'éloignement, et il est presque sans exemple qu'un Arabe réussisse à s'implanter dans une tribu étrangère à la sienne. Il y vit à l'état d'intrus, de paria, et finit tôt ou tard par être obligé de partir. L'indemnité en argent est donc toujours préférée, malgré la précarité des ressources qu'elle procure.

Dans ces conditions, il faut avoir le courage de le reconnaître, l'expropriation ressemble trop à une spoliation. Encore arrive-t-il souvent qu'il s'écoule des années avant que l'indigène touche la compensation en argent à laquelle il a été reconnu avoir droit. J'en ai vu qui, au bout de sept à huit ans, n'avaient pas encore été payés.

Et alors, quelle ressource lui reste-t-il, s'il ne consent pas à se mettre aux gages du colon européen qui s'est substitué à lui? Il va grossir le nombre, de plus en plus considérable, des vagabonds et des bandits.

VI

Soit, dira-t-on, il est clair que ce système contrarie le développement de la race indigène et son assimilation ; mais y a-t-il, en dehors de lui, un moyen de procurer de la terre au colon français ? Ne sommes-nous pas placés entre l'intérêt de celui-ci et l'intérêt de l'indigène ?

S'il fallait opter, en effet, notre choix, à nous Français, ne saurait être douteux ; mais c'est là une hypothèse toute gratuite, nous le démontrerons facilement.

Combien d'hectares renferme l'Algérie actuelle ?... 43,000,000, presque autant que la France. — Quel est le chiffre de la population indigène ? 2,500,000 individus. — A qui persuadera-t-on qu'il n'y ait pas moyen de trouver place pour les nouveaux venus sur un territoire d'une telle étendue, pourvu d'une si faible population ?

Notez en effet ce point : s'il est juste de reconnaître que, grâce aux dispositions libérales prises par le gouvernement de la République en faveur des colons, par suite aussi de certaines circonstances accidentelles telles que la destruction des vignobles du Midi par le phylloxera, les demandes de concessions sont devenues un peu plus nombreuses depuis dix ans, il ne faut pas cependant s'exagérer l'importance de l'afflux des colons français qui sollicitent des terres. Ce n'est encore qu'un bien mince flot n'atteignant pas 3,000 individus par an.

Ces immigrants sont-ils au moins, tous ou la plupart,

des agriculteurs demandant des terres pour les cultiver? Non, et la vérité est que sur les 160,000 colons
que la France a donnés à l'Algérie en cinquante ans, il
n'y en a pas 30,000 qui s'adonnent réellement à l'agriculture (1). Les autres exercent le commerce, l'industrie,
les professions urbaines.

Les colons agricoles eux-mêmes ne fournissent pas
la somme de travail qu'on a coutume d'attendre de nos
paysans, et on ne saurait s'en étonner : les ardeurs d'un
ciel de feu leur rendent le travail en plein air très-
pénible, voire dangereux. Seuls, les Arabes, les Espagnols, les Mahonnais, peuvent y vaquer sans de sérieux
inconvénients (2).

La répugnance de nos paysans à s'expatrier, répugnance que nous avons déjà constatée, a d'ailleurs cette
conséquence naturelle, que les émigrants se recrutent
souvent parmi les déshérités de nos campagnes (3). Les
ressources manquent à beaucoup pour mettre en valeur
les terres qui leur sont confiées, et, à peine investis d'une
concession, ils ne peuvent en tirer parti qu'en l'affermant
à des indigènes (4). Mais le revenu qu'elle leur donne
suffit rarement à les faire vivre, eux et leur famille,

(1) Voir la note *F*.
(2) Voir la note *G*.
(3) Je raisonne sur une situation d'ensemble et non sur des faits
accidentels. Mes observations notamment sont loin d'être applicables
aux viticulteurs et vignerons du Midi que la ruine de leurs vignobles a
poussés en Algérie. Ce sont, pour la plupart, des colons extrêmement
sérieux. Mais il ne faut pas compter trouver là un élément permanent
d'émigration.

(4) A son arrivée, le concessionnaire d'un lot de village, en Algérie,
est censé à la tête d'un capital de 3,000 fr. Mais, neuf fois sur dix, ce

l'importance des concessions (25 à 30 hectares) ayant été calculée en vue d'une exploitation directe et non d'une location (1).

Aussi, n'entendons-nous que trop souvent les colons se plaindre de l'insuffisance de leurs concessions et en réclamer de nouvelles.

Nos efforts doivent-ils tendre à développer une situation qui n'existe encore qu'à l'état d'ébauche ? Devons-nous continuer, en faisant de l'expropriation forcée l'unique moyen de procurer de la terre aux colons, à déposséder les indigènes du sol qui les a vus naître et qu'ils cultivent, pour en remettre la propriété exclusive aux mains de Français et d'étrangers ; à ramener l'Arabe à la condition du prolétaire agricole, n'ayant rien à lui, ne vivant que par le salaire qu'il convient à l'Européen de lui accorder, réalisant ainsi un état social analogue à celui des fermiers irlandais ou des serfs russes ?

Toutefois, lorsque nous sommes en présence de colons sérieux, — et, nous nous plaisons à le reconnaître, le nombre s'en accroît tous les jours, soit parmi les émigrants, soit parmi les descendants des premiers colons, — il faut que nous ayons de la terre à leur offrir. Où la trouverons-nous ? Comment se la procurer ?

capital n'existe que sur le certificat délivré par le maire de sa commune, au moment où il a fait sa demande.

(1) Une concession agricole se compose ordinairement de trois lots : un emplacement pour bâtir, un terrain maraîcher et des terres de culture.

VII

La solution pourrait paraître difficile si, la propriété définitivement constituée chez les indigènes, nous renoncions d'une façon absolue à pratiquer le droit d'expropriation, lorsque l'intérêt de la colonisation l'exigera.

Mais, d'abord, je ne songe pas à réclamer l'abandon de ce droit. Il y a des cas, et je m'y arrêterai quand le moment sera venu, où ce serait en effet compromettre l'œuvre colonisatrice. Je demande seulement qu'on en use avec prudence, avec ménagement, qu'on cesse de l'employer comme moyen exclusif de se procurer de la terre (1), me réservant de démontrer bientôt que nous possédons d'autres moyens d'en avoir, moins dispendieux et plus conformes à nos vues civilisatrices.

Quant à la constitution de la propriété privée chez les indigènes, loin d'être une idée neuve, elle fait l'objet de la loi du 26 juillet 1873, et, depuis plusieurs années déjà, on a entrepris de la réaliser. Par malheur, l'opération a été conduite jusqu'ici de manière à compromettre le résultat. Pour justifier cette dernière allégation, il suffit d'exposer comment on procède.

Des commissaires enquêteurs, choisis généralement parmi les anciens fonctionnaires algériens ou les anciens officiers de l'armée d'Afrique, sont chargés d'une

(1) Les Chambres sont, en ce moment, saisies d'un projet de loi qui tend à affecter un crédit de 50 millions à des acquisitions de terres et à des travaux de colonisation.

partie de l'opération. Des géomètres arpenteurs, cons-
tituant ce qu'on appelle « les brigades topographiques, »
sont chargés de l'autre partie. Le rôle des commissaires est de reconnaître les droits allégués par tout
indigène à une propriété particulière, de lui attribuer
légalement cette propriété, et en même temps de constituer à cet individu un état civil (1) sans lequel l'attribution de la terre manquerait de base. Aux brigades
topographiques, il appartient de traduire les opérations
des commissaires dans la langue de leur art, c'est-à-
dire de les reporter sur un plan du pays. Mais,
commissaires enquêteurs et brigades topographiques,
rétribués au prorata des travaux effectués, opèrent
isolément, sans lien, sans entente d'aucune sorte, et
l'on peut craindre que le désir de grossir leurs émo-
luments ne les entraîne à aller le plus vite possible (2).

Par suite de cette indépendance des deux opérations,
le commissaire enquêteur est obligé de se faire accom-
pagner lui-même par un géomètre chargé de faire les
croquis de chaque attribution. C'est au moyen de ces
croquis que les limites des propriétés sont ultérieure-
ment reportées sur le plan général, œuvre de la brigade topographique.

En ce qui concerne l'état civil, les commissaires enquêteurs se bornent à l'établir pour les propriétaires.
Ni les enfants de ceux-ci, ni les khammès — ou sala-
riés — ne sont compris dans l'opération. On voit de
suite les conséquences de cette manière de faire. Qu'un

_____

(1) Les indigènes, on le sait, n'ont pas d'état civil.
(2) Voir la note *H*.

attributaire vienne à mourir le lendemain du jour où
sa propriété a été reconnue, qu'un khammès, ou un
individu quelconque, non pourvu d'un état civil, vienne
à acheter une terre, tout est à recommencer (1).
Qu'un indigène se fasse attribuer des lots dans deux,
trois douars différents, il arrivera, neuf fois sur dix,
qu'il se trouvera pourvu d'autant d'individualités dis-
tinctes. Comment ces inconvénients n'ont-ils pas été
prévus tout d'abord ? Comment n'a-t-on pas senti, *a
priori*, que sans état civil préalablement, parfaitement
établi, la constitution de la propriété individuelle était
une œuvre vaine ? Comment, en un mot, deux projets
de loi qui auraient dû former un tout indivisible ont-ils
pu être séparés au point que celui qui aurait dû avoir
la priorité attend encore la discussion, tandis que l'autre est déjà, depuis plusieurs années, en cours d'exécution ?

Mais poursuivons l'étude de cette opération, car elle
est typique et caractérise d'une manière frappante la
façon dont, trop souvent, les choses se passent en Algérie.

Quand le commissaire enquêteur a terminé son travail, celui-ci reste pendant trois mois soumis à une
enquête publique. Les réclamations, s'il y en a, sont ju-
gées par les tribunaux. Mais comment voudrait-on qu'il
y en eût ? Est-ce que l'Arabe est capable de compulser
les procès-verbaux du commissaire enquêteur ? Est-ce
qu'il entend quoi que ce soit aux plans où se trouve la
démarcation de sa propriété ? Il n'y a, cela est bien

(1) Voir la note *I*.

évident, qu'un cas dans lequel il proteste : c'est lorsque tout d'abord le commissaire enquêteur a refusé de l'admettre en tant que propriétaire. Tout le reste est pour lui lettre close.

Ainsi, voilà une opération, capitale entre toutes, qui doit servir de base à la constitution en sociéte de 2,500,000 individus, et qu'on livre à l'entreprise, et qui n'est soumise à d'autre contrôle qu'à celui d'une enquête illusoire.

Qu'en résulte-t-il? Le service des domaines, appelé par la loi à traduire l'œuvre des commissaires enquêteurs en titres définitifs de propriété, déclare que ce travail est effectué de telle sorte que, dans une multitude de cas, la délivrance des titres est complètement impossible.

Mais, de toutes les défectuosités de ce système, voici encore la plus grave. Les commissaires enquêteurs doivent attribuer à chaque indigène la portion de terre qu'il revendique, s'il peut prouver par des titres réguliers (1) qu'elle lui appartient, ou s'il démontre qu'en fait il en jouissait et la mettait en valeur. Le surplus, ajoute avec prévoyance le législateur, appartiendra, soit au douar comme bien communal, soit à l'État comme bien vacant ou en desbérence, par application de l'article 4 de la loi du 16 juin 1851.

Or, veut-on savoir ce qui arrive en fait? C'est que dans aucun douar, si faible que soit sa population, si vaste que soit son territoire, il ne reste, après le pas-

___

(1) Il y a chez les indigènes un certain nombre de titres de possession sous forme d'actes dressés par les cadis.

sage du commissaire enquêteur, de terres de réserve
à affecter à la colonisation. Tout est — cela du moins
résulte des procès-verbaux — travaillé, possédé, nécessaire aux indigènes. Et quand l'opération aura été terminée dans le Tell, la partie vraiment fertile de l'Algérie,
voici l'énormité qui se manifestera : 13 à 14 millions
d'hectares d'excellente terre se trouveront avoir été
attribués à moins de 2 millions d'individus ; chaque
habitant aura ainsi 7 hectares de terre à cultiver ou à
laisser en friche, alors qu'en France l'habitant n'a qu'un
hectare un tiers sur lequel, non seulement il vit, mais
encore il s'enrichit. Croit-on d'ailleurs que les choses
resteront longtemps en cet état, que la spéculation,
qui a probablement tout prévu, ne passera pas dans
les douars à la suite des commissaires enquêteurs, pour
s'emparer à vil prix de ces terres en excès qui auraient
dû revenir à l'État ?

Et quand, peu après, le gouvernement aura besoin
de constituer des lots agricoles pour les colons, il se
trouvera dans l'alternative de passer par les fourches
caudines d'agioteurs européens ou de prendre aux indigènes la part qu'ils ont gardée pour la cultiver, et qu'ils
possèdent au titre le plus respectable de tous, celui du
travail.

Chaque expropriation pourtant tend à approfondir le
fossé qui, depuis la conquête, existe entre la population
indigène et nous. Car ce n'est pas seulement la déchéance
de leur rang de propriétaires et d'hommes libres pour
ceux qu'elle atteint : c'est une menace permanente pour
tous, un sujet continuel de défiance, d'irritation, de
sourde colère, et, à un autre point de vue, un obstacle au

progrès et à la production. A quoi bon améliorer un sol
qui, demain, peut cesser de vous appartenir? N'allons
pas croire, en effet, que les Arabes soient absolument
réfractaires aux perfectionnements agricoles. Je pourrais
citer plus d'un exemple de l'adoption par eux de nos
procédés de culture (1). Mais deux raisons péremptoires
font, en général, obstacle à cette adoption : l'absence de
sécurité dans la possession du sol, puis l'isolement des
douars par rapport aux centres européens, lequel permet difficilement aux indigènes de faire réparer des
outils non confectionnés par leurs propres ouvriers.

Ainsi, l'entretien des haines du vaincu contre le vainqueur, la suppression des stimulants du travail chez la
race qui, à peu près seule, en fait, peut mettre en valeur le sol algérien, la diminution de la production et
de la richesse générale, telles sont les conséquences
déplorables du système que nous sommes en train
d'appliquer, dans le soi-disant intérêt de la colonisation (2).

Remarquez, d'autre part, comment tout s'enchaîne.
Si les commissaires enquêteurs avaient su trouver le
sol disponible là où il est, ce sol, concédé aux colons
français, en aurait fait les voisins des indigènes ; les
deux races juxtaposées se seraient pénétrées, et certainement, avec le temps, appréciées et aimées.

(1) Voir la note J.
(2) Voir la note K.

VIII

Ici, un éclaircissement est nécessaire. Si on n'offrait
aux colons que la partie du sol demeurée libre après
la constitution de la propriété indigène, on pourrait
trouver avec quelque raison que les intérêts et les con-
venances des Arabes passent avant ceux de nos compatriotes, et il y aurait là de quoi heurter le sentiment français. Aussi, n'est-ce pas ce que je propose. On n'a pas ou-
blié que j'ai maintenu le principe de l'expropriation ; que
je me suis borné à demander qu'on en usât avec sagesse,
avec mesure, ne le repoussant que dans ce qu'il a
d'excessif et de contraire à l'intérêt même de la colonisation. Mais lorsqu'un emplacement aura été fixé,
dans la forme et avec les garanties réglementaires, pour
l'installation d'un village, il faut que, comme aujour-
d'hui, le domaine puisse, soit à l'amiable, soit par voie
d'expropriation, entrer en possession des terrains jugés
nécessaires à l'établissement des colons.

Ce que je réclame seulement avec instance, ce que je
regarde comme indispensable à l'avenir de notre colonie,
c'est que les indigènes dépossédés reçoivent, avec une
légère somme d'argent, destinée à les indemniser du
déplacement de leur gourbi et de leurs cultures, des com-
pensations territoriales comprises, sinon dans le rayon
du douar lui-même, du moins dans celui de la tribu, la
seule patrie qu'ils reconnaissent, le seul milieu où ils
puissent vivre ; c'est qu'ils soient garantis contre une

seconde expropriation ; c'est qu'enfin, dans le périmètre même du centre projeté, on respecte les biens des indigènes qui satisferont à certaines conditions, comme d'avoir rendu des services à la France, d'avoir appris notre langue, adopté nos procédés de culture, fait construire des bâtiments d'habitation et d'exploitation en maçonnerie, etc, etc. De la sorte, le même village grouperait les deux éléments appelés à concourir au peuplement de l'Algérie, avec une sorte de sélection appliquée à l'élément indigène. Est-ce vraiment trop demander ?

L'État, de son côté, n'étant plus obligé d'acheter de la terre pour la donner aux colons, n'étant plus tenu qu'à de légères indemnités envers les indigènes, économiserait la majeure partie des fonds destinés aujourd'hui au premier objet, et pourrait, non sans à-propos, employer ces économies à doter les colons qui arrivent de la mise de fonds indispensable à leur premier établissement. Cette première mise, ils sont bien censés l'apporter de France ; mais, j'y reviens encore, pour qui connaît nos paysans, il est bien difficile d'admettre qu'on en trouve beaucoup de disposés à aller chercher fortune en Algérie, dès lors qu'ils possèdent au pays un capital, ne fût-il que de 3,000 fr. Si tant de colons, au contraire, échouent à leur début, c'est parce qu'on persiste à faire figurer à leur actif un apport qui, neuf fois sur dix, est absolument imaginaire.

IX

Circonscrite dans les limites que je viens de tracer, l'expropriation réserve, on le reconnaîtra, les droits des colons, sauvegarde leurs intérêts, sans atteindre irrémédiablement ceux des indigènes, tandis qu'aller au-delà, c'est enlever à ceux-ci leurs garanties d'existence, c'est mettre en péril notre développement colonial.

Chez un peuple opprimé, qui se sent menacé dans ses biens et dans son existence, l'insurrection est, en permanence, à l'état latent. Vienne une occasion, un accident, elle éclate comme la foudre et rappelle, dans ses déchaînements, les plus horribles fléaux qu'ait enregistrés l'humanité : témoin les guerres d'esclaves. De la part des indigènes de l'Algérie, nous n'aurions rien à craindre de pareil si nous nous montrions humains et justes envers eux. On pourrait citer plus d'un colon qui a été hardiment planter sa tente au milieu des tribus et qui, depuis trente ans, y vit sans avoir été seulement inquiété.

Le sentiment national n'existe pas chez les Berbères, pas plus d'ailleurs que chez les Arabes. Toutes les aspirations des premiers sont vers un état d'individualisme local ; si nous y donnons satisfaction, pourquoi se révolteraient-ils ? Ils auraient tout à perdre et rien à gagner ; car, comme l'Arabe, ils n'ont pas la ressource de faire filer leurs familles et leurs troupeaux, et de se réfugier dans le désert. Sobres et parcimonieux, ils tiennent par dessus tout à leurs gourbis, à leurs jardins, à leurs vergers, à leurs récoltes, et ce n'est que lorsqu'ils sentent ces biens compromis qu'ils prennent les armes pour les défendre ou pour se venger des ennemis qui y ont porté les mains.

Nous avons eu deux insurrections en territoire berbère ; et encore, faut-il compter la dernière, celle de l'Aurès ? Elle ne visait pas les Français, et les malheureux Chaouias, poussés à bout par les exactions de leurs caïds, ne songèrent à nous attaquer que quand ils nous virent arriver au secours de leurs oppresseurs. La répression nous a coûté cinq ou six hommes, dont trois au moins sont morts d'insolation.

Quant à la prise d'armes de la Kabylie en 1871, elle se signala, en effet, par des attentats contre les propriétés et les personnes ; mais tout le monde sait qu'elle eut pour origine ces effroyables opérations usuraires auxquelles avait donné lieu la famine de 1867. Le pays était ruiné ; le chef du mouvement, Mokrani, était endetté de plus de 500,000 fr.; l'insurrection était pour lui une liquidation. Un peu de prévoyance, du reste, eût suffi pour empêcher le mouvement d'éclater. Deux ou trois jours avant la levée de boucliers, Mokrani était à Alger et, en remettant sa démission, faisait pressentir sa résolution.

Quelles troupes ont servi, en majeure partie, à réprimer cette insurrection ? Ce sont des troupes indigènes. Il faudrait fouiller toute l'histoire des turcos pour y découvrir une défection. Il n'en est pas de même, il est vrai, des spahis. Mais les uns sont des hommes du peuple; les autres sont des cavaliers des grandes tentes. Ce fait suffit à montrer que c'est par la démocratisation que nous nous attacherons le peuple arabe, et qu'une fois cette révolution accomplie, nous n'aurons plus rien à redouter de sa part.

La confiance n'exclut pas d'ailleurs les précautions, et celles-ci sont indispensables, ne fût-ce que pour encourager la colonisation. Les capitaux ne se portent que là où ils sont sûrs de rencontrer protection et sécurité. Or, il faut le reconnaître, non seulement aujourd'hui nous ignorons ce qui se passe dans les tribus, n'y ayant aucune police organisée; mais encore la répartition de notre armée d'Afrique est faite pour réprimer les insurrections, et non pour les prévenir. Qu'un mouvement éclate, les insurgés savent bien qu'en plaine ils ne peuvent rien contre nos armes perfectionnées; leur premier acte serait donc de se jeter dans la montagne. Eh bien! le croirait-on? la montagne n'est pas gardée! Il faut la reconquérir chaque fois qu'une insurrection se produit. La Kabylie compte plus de 300,000 habitants; la densité de sa population est extrême... Pour maintenir dans le devoir cette masse compacte d'indigènes, nous avons au centre du massif « Fort national » occupé par quelques centaines de soldats.

On ne peut guère songer, il est vrai, à des établissements agricoles européens en Kabylie. Les vallées étroites du Djurjura, souvent malsaines pour les colons, ne s'y prêtent pas. Il faudrait d'ailleurs enlever la terre à ses propriétaires et dépouiller des centaines d'indigènes pour installer quelques colons. Mais, avec ses cours d'eau rapides, alimentés en toute saison, avec

les minerais que recèlent ses massifs, avec ses planta-
tions d'oliviers, avec sa main-d'œuvre abondante et à
bon marché, la Kabylie offrirait un champ d'exploitation fécond pour l'industrie européenne. Mais, je le ré-
pète, pour que les capitaux s'y aventurent, il faudrait
y créer des routes et y placer des garnisons. La répartition de nos troupes en Algérie est toute à remanier,
en se pénétrant de ce principe : prévenir avant tout
les insurrections. Les garnisons pourront être moins
agréables, mais le patriotisme de notre armée saura
faire ce sacrifice à l'intérêt du pays.

Est-il bien utile, maintenant, de parler de la sécurité
individuelle des colons dans les villages où ils auront
à vivre côte à côte avec les indigènes ? Est-ce que ce
contact n'existe pas déjà partout, dans les centres et
dans les fermes, sans que les colons aient à en souffrir ?
Qu'y aurait-il de changé à la situation présente ? Une
seule chose : c'est que les Arabes vivraient à côté des
Européens, non plus dans un état d'infériorité sociale
propre à exciter leur rancune et leur colère, mais
comme égaux, comme propriétaires, liés déjà par des
intérêts communs, destinés un peu plus tard à jouir
des mêmes droits.

On entend bien, parfois, parler de rixes et de coups
de couteau. Mais, dix-neuf fois sur vingt, cela se passe
entre indigènes : les attentats contre les Européens
sont rares, et s'il s'en produit, c'est presque toujours
pour venger une injure ou un mauvais traitement.

Donc, de ce côté, rien de sérieux à craindre, et si
nous nous attachons à ne pas recruter les rangs du ban-
ditisme par des mesures que rien ne justifie, pas même

notre intérêt, nous ne tarderons pas à voir revivre le temps où, suivant un dicton arabe, « une jeune fille pouvait aller à pied, une couronne d'or sur la tête, d'Alger à Laghouat, sans avoir à craindre le plus léger outrage. »

En exposant avec développement les procédés employés pour partager le sol entre le colon français et les indigènes, j'ai indiqué du même coup comment ce partage aurait pu se faire, en donnant satisfaction à l'intérêt de chacune des parties et à l'intérêt de la France.

Par bonheur, la situation n'est pas irrémédiablement compromise. Nombre de douars en sont encore à attendre la visite des commissaires enquêteurs. Il y a mieux : la plupart des opérations déjà faites devront être forcément recommencées ou, ce qui revient au même, révisées. Il est donc encore temps d'abandonner une voie fâcheuse (1). Il faudrait se décider à suspendre un travail qui est à la fois défectueux et insuffisant, ne le remettre en train qu'après qu'il aura été procédé à l'établissement de l'état civil chez les indigènes, et alors le réglementer de telle sorte qu'il puisse servir de base, non seulement à l'assiette de la propriété, assiette dans

---

(1) Cette idée de faire profiter la colonisation des terres qui ne sont pas nécessaires aux Arabes n'est pas nouvelle.

Dès 1847, elle formait le point de départ d'une mesure excellente qui n'a été malheureusement appliquée que d'une façon très-restreinte, et qu'a mise à néant le funeste sénatus-consulte de 1863 : je parle du cantonnement des tribus. La circulaire du maréchal Bugeaud, de qui cette mesure émane, suffira pour en faire comprendre la portée : « .... Je crois vous avoir dit plusieurs fois que ma doctrine politique vis-à-vis des Arabes était, non pas de les refouler, mais de les mêler à notre colonisation ; non pas de les déposséder de toutes leurs terres pour les porter ailleurs, mais de les *resserrer* sur le territoire qu'ils possèdent, lorsque ce territoire est *disproportionné* avec la population de la tribu. »

laquelle le domaine devrait trouver une large part, mais
à l'établissement du cadastre et, par suite, de l'impôt
foncier, garantie nécessaire du maintien de la forme
privative de la propriété.

X

Nous disposons, pour avoir de la terre, d'une autre
ressource, moins considérable sans doute, mais qui
n'est pas pour cela sans valeur. Elle provient du sol
forestier. L'État possède en Algérie, en chiffres ronds,
deux millions d'hectares de forêts. Il est vrai que ces
forêts existent surtout sur le papier ; car quand on les
cherche à l'endroit où la carte les a placées, on ne trouve
trop souvent qu'un sol complètement nu, ou bien, de
loin en loin, d'énormes souches, derniers témoignages de
la grandeur des forêts que la terre algérienne a portées.

Il faut dire, à la décharge de l'administration française, que, quand dut être appliqué le sénatus-consulte
du 22 avril 1863, qui déclarait les tribus propriétaires
de la totalité de leurs territoires (1), ne stipulant de
réserves en faveur de l'État qu'en ce qui concernait les
biens du beylick et le sol forestier, et compromettant
ainsi, d'une façon qui aurait pu être irrémédiable,
l'avenir de la colonisation, les fonctionnaires chargés
de procéder aux délimitations cherchèrent à sauver le

(1) Avant le sénatus-consulte, les tribus n'étaient généralement
qu'usufruitières des territoires qu'elles occupaient. L'impôt *hokor*
n'était primitivement, en réalité, qu'un prix de fermage.

plus d'épaves possible du naufrage, et classèrent parfois comme forêts des terrains sur lesquels il y avait
tout au plus apparence de broussailles.

Cette réserve faite, il n'en faut pas moins reconnaître
qu'en Algérie, broussailles ou forêts, tout tend à disparaître pour faire place au sol nu. Ce déboisement continu, qui remonte bien au-delà de notre conquête, a de
nombreuses causes. En première ligne il faut mettre
les mœurs pastorales et nomades des Arabes dont les
troupeaux, parcourant sans cesse les forêts, broutent
toutes les pousses et tous les rejetons, et empêchent la
reproduction des essences. L'imprudence des indigènes,
lorsqu'ils allument des feux dans leurs campements,
détermine souvent aussi des incendies qui, l'été surtout, prennent des proportions considérables. Enfin,
avec leur caractère imprévoyant, il leur arrive de
mettre volontairement le feu aux broussailles, afin de
préparer le sol et de le doter d'un engrais qui leur
assure deux ou trois bonnes récoltes, sans qu'ils aient
presque besoin de travailler la terre (1).

Tout cela n'aurait pas lieu si le service forestier exer-
çait une surveillance efficace; mais le nombre des gardes
est dérisoirement insuffisant : 300 à peine pour plus de
deux millions d'hectares ! Il y a des quartiers de forêts
qui n'ont jamais été visités ; les indigènes ont donc carte
blanche, et si, de loin en loin, on dresse contre eux un
procès-verbal, il leur produit l'effet d'un acte arbitraire
ou d'une tracasserie.

Il y a là pourtant un état de choses qui réclame un

(1) Dans une seule année (1877), l'incendie a détruit plus de
40,000 hectares de forêts.

prompt et énergique remède. Le déboisement a, sur le régime des sources et des cours d'eau, une influence désastreuse et qui s'aggrave d'année en année. Il tombe en Algérie autant et plus d'eau même que dans certaines parties de la France (1). Les observations udométriques faites depuis une trentaine d'années donnent, dans le Tell, des moyennes variant entre 55 et 65 centimètres, sans qu'on puisse constater ni progrès ni diminution. Mais on est loin de retrouver cette situation stationnaire quand on applique les observations au régime des sources et des rivières. Telle source qui, il y a dix ans, débitait vingt litres à la minute n'en débite plus aujourd'hui que douze, dix, et quelquefois moins. Et cela se comprend. Le sol, dénudé par le déboisement, ne présente plus d'obstacles à l'écoulement des eaux de pluie, et, sous l'action des pentes, — qui sont très-rapides en Algérie, puisque la ligne de faîte est très-rapprochée de la mer, — ces eaux s'en vont à la Méditerranée avant d'avoir pu pénétrer dans la terre et s'emmagasiner dans les couches perméables du sol, réservoirs naturels dont la fonction est de corriger l'inégalité pluviale des saisons.

La pluie ne tombe guère en Algérie qu'en avril et novembre. C'est alors, pendant quinze à vingt jours, un véritable déluge. Tous les « oueds » deviennent des torrents impétueux ou des fleuves qui coulent à pleins bords. Mais, vienne la saison sèche, il en est à peine quelques-uns qui laissent filtrer un mince filet d'eau.

Tout le monde sait que le territoire de Lambessa est

(1) Voir la note L.

couvert de ruines romaines dont l'importance indique qu'il a existé là une ville de 50,000 à 60,000 habitants. Parmi ces ruines, on ne découvre aucune trace d'aqueducs : donc, les sources locales suffisaient à la consommation de la population, et cette consommation, nul ne l'ignore, était considérable chez les Romains. Aujourd'hui, l'eau manque à Lambessa, et la ville, pénitencier compris, ne renferme pas 1,400 habitants! A quoi attribuer ce tarissement, sinon au déboisement de l'amphithéâtre montagneux qui entoure Lambessa?

Que l'on jette les yeux sur une carte d'Algérie. Les noms de lieux précédés du mot *aïn* sont innombrables. Ce mot veut dire *source* et indique, là où il se rencontre, qu'il y a eu de l'eau autrefois. Combien de ces localités où, aujourd'hui, on n'en trouve plus trace!

De l'eau! de l'eau!!... C'est le cri de détresse qu'on entend sortir de tous les villages créés depuis dix ans. On avait promis 20, 30 mètres cubes par jour : c'était le rendement constaté des sources qui devaient approvisionner le nouveau centre. Elles n'en donnent plus que la moitié, le tiers, quelquefois moins encore...

Quel voyageur ayant visité l'Algérie n'a vu, au milieu d'un village, sur une place entourée de monuments publics qui en font comme un bastion, une fontaine monumentale, avec son bassin complètement sec? Triste spécimen du sort qui menace tous nos établissements algériens, si l'on ne se hâte d'y porter remède (1)!

_____

(1) Voir la note *M*.

Les deux premières mesures à prendre sont : d'une part, la constitution d'un personnel suffisant pour garder et préserver de la destruction ce qui reste de bois et de broussailles ; de l'autre, la reconnaissance du sol forestier. On procède bien, depuis quelques années, à cette dernière opération, mais avec une telle lenteur que, si l'on ne prend pas d'autres dispositions, elle ne sera pas terminée dans trente ans d'ici. Et pourtant le temps presse : à chaque année qui s'écoule, la nudité du Sahara gagne, et fait un pas de plus vers la mer.

Il faut donc multiplier les commissions chargées du travail, ne pas les composer exclusivement d'agents forestiers. Elles doivent comprendre des ingénieurs du service hydraulique et des représentants coloniaux : les uns ayant mission de déterminer la partie du sol qu'il importe de conserver en bois ou de repeupler, pour mettre obstacle à l'écoulement trop rapide des pluies ; les autres défendant les intérêts de la colonisation et chargés de lui faire attribuer toutes les terres qui ne seront pas indispensables au bon aménagement des eaux. Ce travail, effectué avec soin, mettrait certainement à la disposition du gouvernement, pour créer des centres, plusieurs centaines de mille hectares, placés dans des conditions excellentes, attendu que les deux millions d'hectares dont se compose le sol forestier sont en majeure partie situés dans le Tell.

Ainsi, sans recourir à un système inhumain de dépossession (1), en n'usant que des ressources que nous

(1) J'emploie à dessein ce mot au lieu du mot *expropriation*, parce que, dans le système que je préconise, l'indigène, même exproprié, reste propriétaire dans son douar ou dans sa tribu.

avons sous la main, qu'elles proviennent de la constitution de la propriété indigène ou de la délimitation du sol forestier, il est établi que nous sommes en mesure de pourvoir, pendant une période presque indéfinie, et dans la région même du Tell, à tous les besoins de la colonisation (1). Celle-ci, il est vrai, a dépassé les limites du Tell. Mais lorsqu'on a franchi les crêtes des Hauts-Plateaux, la terre est, comme l'air, un élément illimité et qui n'a plus de valeur : la vraie propriété, c'est l'eau. C'est à l'industrie humaine qu'il appartient de la créer en faisant jaillir du sous-sol saharien les nombreux « oueds » qui le sillonnent et qu'y déversent les pentes méridionales des Hauts-Plateaux.

Des forages multipliés ont déjà été pratiqués dans le sud de la province de Constantine. Ils ont donné des résultats merveilleux : de magnifiques oasis de palmiers ont surgi, là où précédemment n'existait qu'un sol aride. On peut, sans trop d'optimisme, entrevoir le moment où elles formeront une ligne presque ininterrompue de jalons sur la route qui nous conduira aux monts Hoggar et de là au Soudan.

---

(1) De 1871 à 1879 inclusivement, c'est-à-dire dans une période de neuf ans, il a été distribué aux colons les quantités de terre suivantes :

Pour création de centres................. 345,304 hectares.
Pour agrandissement de centres........... 36,135

TOTAL........... 381,439 hectares.

Soit une moyenne de 42,382 hectares par an.

En 1878, il avait été concédé............. 19,325 hectares.
En 1879,   —   31,919

La reconnaissance du sol forestier rendrait certainement disponibles de 500,000 à 600,000 hectares, tout au moins.

Mais ces horizons, plus ou moins prochains, me feraient perdre de vue mon sujet : je me hâte d'y rentrer.

XI

L'intérêt du colon français, celui du Berbère, sont concordants. Il est aisé de les rendre propriétaires ensemble et de les faire progresser du même pas. Mais que faire de l'Arabe ? Mauvais agriculteur, pasteur hors ligne, labourant peu et mal, élevant très-bien un nombreux bétail, l'Arabe a besoin de vastes espaces pour promener ses troupeaux et lui-même. Sur un sol divisé et approprié en grande partie, sinon en tout, il ne pourra pas vivre, à moins de changer toutes ses habitudes. Quelques Arabes pourront bien les modifier, mais non, probablement, la masse. Faudrait-il, dès lors, se résigner à voir peut-être 500,000 Arabes quitter l'Algérie et se diriger sans retour vers le Sahara, emmenant avec eux ces immenses troupeaux qui font partie intégrante de la richesse mobilière du pays (1) ? Ce serait là une perte déplorable qu'il importe d'éviter.

L'Arabe est nomade ; il aime à parcourir de vastes espaces en poussant devant lui ses troupeaux ; il s'en va, et il revient. Traitons-le d'après les indications de sa nature. Systématisons les pratiques qui existent ac-

(1) Voir la note A.

tuellement ; arrangeons les choses de façon que l'Arabe, comme aujourd'hui, mais plus régulièrement encore, se réfugie pendant la saison d'hiver dans la région saharienne, qui lui offre alors toute l'herbe désirable pour ses chevaux, ses chameaux, ses moutons. Au printemps et à l'automne, qu'il séjourne sur les Hauts-Plateaux, et lorsque l'été aura séché la verdure de cette dernière région, que le Tell enfin lui donne asile.

Aménager dans le Tell des espaces propres à nourrir, pendant la saison chaude, les troupeaux de l'Arabe, tel doit être le but des commissions chargées de constituer la propriété dans la région limitrophe des Hauts-Plateaux. Il suffira pour cela d'attribuer aux communes de cette région de vastes communaux, et d'y réserver aux nomades, moyennant rétribution, un droit de pacage pour la saison d'été. Les particuliers eux-mêmes pourront trouver intérêt, leurs récoltes enlevées, à mettre leurs champs en chaume à la disposition des Sahariens. Certaines contrées de la France, telles que les Pyrénées, offrent des exemples de combinaisons analogues. Seulement c'est l'hivernage, au lieu de l'estivage, que les troupeaux des pâtres pyrénéens, chassés de la montagne par les neiges, viennent faire dans la plaine.

Ces pratiques, réglementées par le gouvernement de manière à prévenir les abus, auraient pour effet de régulariser, en traçant d'avance leur itinéraire, les pérégrinations des nomades, de ne les laisser s'accomplir qu'entre les limites sur lesquelles s'étend notre domination, de maintenir et d'accentuer au besoin notre protection sur des tribus abandonnées jusqu'ici au plus complet despotisme, et peut-être de les acheminer ainsi progressivement vers un état social qu'il n'est pas sans exemple de voir les individus adopter.

XII

Nous avons exposé la manière dont on a procédé jusqu'ici au partage du sol algérien entre les colons français et les indigènes ; nous avons dit ce qu'à notre avis il y avait à réformer dans ces errements, et comment on devrait opérer à l'avenir.

Venons au second terme du problème algérien, à l'organisation des pouvoirs administratifs.

Au début de la conquête, la mission qui incombait à l'autorité militaire était moins de donner aux indigènes une administration en rapport avec nos institutions que de les maintenir dans le devoir. Elle comprit avec raison qu'elle n'obtiendrait leur soumission que par l'intermédiaire de leurs propres chefs, et en leur conservant de leurs institutions tout ce qui était compatible avec notre domination.

Elle fut amenée ainsi à laisser à la tribu son autonomie administrative, se bornant à la placer sous le commandement de chefs — « caïds et cheiks » — sur le dévoûment desquels elle croyait pouvoir compter et dont elle s'efforça de solidariser les intérêts avec les nôtres. Les auxiliaires ne pouvaient lui faire défaut dans un pays où le sentiment national n'existe pas, et où il règne, de tribu à tribu, des haines traditionnelles

plus fortes et plus vivaces que celles que peut provoquer même la présence de l'étranger.

Le territoire conquis fut, par suite, divisé en un certain nombre de circonscriptions appelées « cercles, »
à la tête desquelles un officier, portant le nom de
« commandant supérieur » et disposant d'une force
militaire, eut pour mission de maintenir, tant par force
que par politique, les tribus dans l'obéissance. Tandis
qu'il se réservait à lui-même les fonctions proprement
dites du commandement militaire et la direction des
expéditions qu'il pouvait y avoir à faire, il était se-
condé, en ce qui concerne la surveillance et la direction politique des indigènes, par les officiers des « bureaux arabes. »

Telle est l'origine des bureaux arabes. Pour accomplir leur mission, il était nécessaire qu'ils fussent au
courant de tout ce qui se passait dans les tribus. Ils y
arrivaient par une intervention constante dans les dif-
férends qui existaient de tribu à tribu, de çof à çof. Les
chefs de parti, poussés par le désir d'abattre leurs ad-
versaires, venaient solliciter la protection toute-puis-
sante des bureaux arabes, et ceux-ci, ne repoussant
aucun de ceux qui venaient ainsi se jeter dans leurs
bras, se trouvaient renseignés sur toutes les menées
des personnages influents.

D'autre part, en soutenant tantôt l'un, tantôt l'autre,
sans jamais en décourager complètement aucun, ils les
laissaient s'épuiser dans leurs querelles intestines et
rendaient ainsi plus facile la soumission du pays.

Grâce à cette politique, il leur était non seulement
aisé de prévoir et de réprimer les mouvements insur-

rectionnels, dont les instigateurs leur étaient toujours dénoncés à l'avance par quelques ambitieux, mais encore ils pouvaient porter leur choix en toute connaissance de cause sur les chefs qu'ils avaient à donner aux tribus. Ils ne leur demandaient d'ailleurs d'autres qualités que de se montrer dévoués à la France (leurs compromissions avec les bureaux arabes répondaient suffisamment d'eux à cet égard), et d'avoir assez d'influence personnelle pour maintenir dans l'obéissance les populations à la tête desquelles on les plaçait.

L'organisation des bureaux arabes était donc, au début surtout, non point une organisation administrative, mais une organisation de conquête et de commandement, reposant sur le maintien de la tribu avec son autonomie et de la société arabe avec tous ses éléments constitutifs, féodaux et théocratiques.

En même temps que l'administration était maintenue entre les mains de caïds et de cheicks, la justice continuait à être rendue d'après la loi musulmane, c'est-à-dire d'après le Coran, par des juges indigènes revêtus du nom de « cadis (1). » Ceux-ci, toutefois, n'eurent plus à connaître que des contestations entre musulmans. Pour les crimes et délits, les indigènes devinrent justiciables des tribunaux militaires; le jugement des faits de simple police fut réservé aux officiers des bureaux arabes, dont les moyens d'action et d'information se trouvèrent, par cette attribution, puissamment accrus.

---

(1) En même temps que les fonctions de juges, les cadis remplissent l'office de notaires. Le tribunal du cadi s'appelle *la Mahackma*. (Voir la note *O* à l'appendice.)

Cette organisation étant, à peu de chose près, cal-
quée sur celle que nous avions trouvée dans le pays,
répondait parfaitement à l'état de la société arabe ;
mais il cessa d'en être ainsi lorsque les entraînements
forcés de la conquête nous mirent en présence des tribus berbères réfugiées dans les massifs montagneux.

Croyant avoir affaire à des populations identiques à
celles que nous avions rencontrées sur la côte et dans
la plaine, nous leur appliquâmes le même régime. Nous
arrivâmes ainsi à substituer, brusquement et sans raison, aux institutions municipales et démocratiques des
Berbères, une féodalité incompatible avec leurs mœurs
et leurs traditions. Le Coran remplaça, en fait de code
civil, leurs vieux kanouns, et les cadis la justice des
djemmâas.

Bien plus, c'est dans la race arabe, c'est-à-dire parmi
leurs ennemis traditionnels, que furent choisis les caïds
et les cadis imposés aux Kabyles. Ce choix n'avait rien
que de très-naturel, puisque, d'une part, nous croyions
avoir encore affaire à des Arabes, et que, d'autre part,
nous devions investir de ces fonctions de confiance
ceux qui nous avaient prêté leur concours pour la
conquête et la pacification du pays.

Mais il n'en avait pas moins cette double conséquence
fâcheuse de heurter une population très-attachée à
ses habitudes et à son indépendance, et de l'islamiser,
créant ainsi le plus sérieux de tous les obstacles à l'assimilation.

On peut dire que, du jour où nous avons introduit
l'administration et la justice arabes chez les peuplades
berbères, non seulement nous avons entravé l'œuvre à

laquelle nous devions nous attacher par dessus tout, mais nous avons entretenu chez ces peuplades un état de mécontentement et de fermentation que le moindre incident pouvait transformer en insurrection ouverte (1).

XIII

La constitution des cercles ne put rester bien long-temps telle que je l'ai décrite. Dès que les Européens eurent commencé à pénétrer en certain nombre dans le pays, il fallut bien créer, au moins pour eux, un embryon d'organisation administrative.

Suivant qu'il renferma ou non des établissements européens, le cercle s'absorba dans la commune indi-gène, dont les limites correspondirent à celles de la subdivision militaire (2), ou bien il fit place à la com-mune mixte.

Commune indigène et commune mixte sont per-sonnes civiles et sont pourvues d'un administrateur, d'un conseil, d'un budget, de fonctionnaires munici-paux, en un mot de tout l'organisme administratif des communes françaises.

Mais l'administrateur est, pour la commune indi-gène, le général commandant la subdivision; pour la commune mixte, le commandant militaire du cercle. En dehors des chefs de service militaires qui y figurent de

(1) Voir la note P.

(2) Pour cette raison, on appela d'abord la commune indigène « com-mune subdivisionnaire. »

droit, les membres du conseil, chefs indigènes seulement pour les unes, chefs indigènes et colons pour les autres, sont nommés par l'autorité militaire, et toujours révocables par elle, de sorte que l'assemblée communale a bien plutôt un commandant en chef qu'un président réel.

Toute cette organisation, du reste, ne fit que se superposer à l'institution des caïds, des cheiks et des cadis, ceux-là restant à la tête de leurs tribus et de leurs douars respectifs, ceux-ci continuant à rendre la justice à leurs coreligionnaires et à présider à leurs transactions.

Là cependant où se rencontra un noyau de colons assez compact pour ne pas se plier aisément à un régime municipal aussi peu en harmonie avec les idées et les habitudes de la métropole, on se décida à ériger des communes de plein exercice, copiées, pour l'organisation et le mode de nomination des membres du conseil municipal, sur les communes françaises, avec cette différence qu'un nombre de places ne pouvant dépasser le tiers de la totalité des membres, fut réservé aux indigènes et aux étrangers au sein des conseils municipaux. Français, indigènes, étrangers sont élus par leurs concitoyens respectifs.

Le principe des communes de plein exercice fut admis pour la première fois en 1847, mais il fallut plusieurs années pour qu'on se décidât à l'appliquer sérieusement.

On comprend facilement que chacune de ces étapes successives dans la voie d'une organisation municipale plus complète et plus indépendante fut le fruit d'une victoire nouvelle remportée par les colons sur le régime exclusivement militaire implanté en Algérie au lendemain de l'occupation. Les colons, natures indépendantes et aventureuses, têtes chaudes comme les fait le soleil du midi, s'accommodaient mal du formalisme autoritaire du commandement. Dès qu'ils se sentirent en nombre, ils commencèrent à le saper et à travailler à l'avènement d'un autre régime.

De son côté, indisposée par des exigences qu'elle trouvait souvent excessives, froissée par une hostilité dont elle ne comprenait pas les causes, peu favorable à des changements qui tendaient à supprimer des positions qu'elle occupait, l'autorité militaire chercha un point d'appui dans l'élément indigène, où elle trouvait plus de déférence et de soumission, et les conséquences d'une situation fausse l'amenèrent même par moments à entraver le développement de la colonisation.

Je ne saurais entrer dans les détails d'une lutte qui a commencé en même temps que la pacification du pays, qui dure peut-être encore, et dans laquelle on a déployé d'un côté une ardeur et une vivacité, de l'autre une ténacité et une habileté extrêmes. Ce que je viens d'en dire suffit pour expliquer comment elle se circonscrivit peu à peu autour de la population indigène, qui en devint comme le pivot et l'enjeu.

Il fallut la révolution de 1848 pour amener le partage du territoire algérien entre l'autorité civile et l'autorité militaire. C'est alors que les trois préfectures d'Alger, de Constantine et d'Oran furent créées. La juridiction des préfets, d'abord très-restreinte, s'est étendue peu à peu. Le territoire civil comprend actuellement toutes les communes de plein exercice et un nombre considérable de communes mixtes (1).

Lorsqu'on parle de communes de plein exercice, il ne faut pas croire qu'elles se réduisent à un centre occupé par un nombre plus ou moins grand d'Européens et au territoire qu'ils possèdent. Réduite à ces proportions, la commune n'eût pas été viable. On ne doit pas perdre de vue que l'impôt foncier n'existe pas pour les colons. Or, sans cet impôt, comment des communes, qui ne comptent quelquefois que 300 ou 400 habitants (2), pourraient-elles couvrir les dépenses qui leur incombent et qui sont bien plus considérables qu'en France? Car il est peu de communes en Algérie qui ne dépensent, en frais généraux seulement, de 6,000 à 7,000 fr. (3). Si l'on

(1) Depuis les derniers rattachements, le territoire civil comprend tout le Tell.

(2) Exemples :

Assi-ben-Okba....	319	habitants.
Assi-bou-Nif..............	338	—
Baba-Hassen..............	300	—
Bir-Rabalou..............	154	—
Vesoul-Bénian...........	301	—
Etc., etc.		

(3) Les maires sont rétribués, et le budget n'en prévoit pas moins un secrétaire de mairie, des frais de bureau considérables, etc.

Pour 181 communes de plein exercice, le relevé des budgets municipaux fournit les chiffres suivants :

Indemnités aux maires et adjoints........	252,069 fr.
Personnel des mairies	759,382
Total.................	1,011,451 fr.

Il ne faut pas trop s'étonner de cette situation. Comment, en effet, pourrait-on, sans leur donner une large indemnité, espérer trouver des fonctionnaires municipaux dans un pays où presque tous les colons ont encore leur situation à faire?

ajoute à ces frais généraux l'entretien des rues et des bâtiments publics, la construction et l'entretien des chemins vicinaux, les dépenses des écoles, le traitement des gardes champêtres, etc., on arrive, pour la moindre commune, à des chiffres hors de toute proportion avec les ressources qu'elles peuvent tirer soit de leur part dans les produits de l'octroi de mer (1) et dans l'impôt des patentes, soit des droits de place dans les marchés et de quelques autres menus droits.

En fait, ce sont les indigènes qui comblent le déficit, et voici comment : à chaque commune de plein exercice sont annexés un certain nombre de douars. Non seulement les indigènes qui en font partie contribuent par leur nombre à assurer une plus large attribution dans les produits de l'octroi de mer ; mais, par le fait de leur incorporation, ils sont assujettis au paiement de toutes les taxes municipales, et leur contribution devient ainsi la principale ressource de beaucoup de communes.

Aussi toutes les communes de plein exercice aspirent-elles à s'incorporer de nouveaux douars. C'est ce que dans le langage des colons on appelle « manger des douars. » Les demandes d'annexion abondent, cela est facile à concevoir.

Le maire, élu par le conseil municipal ou nommé par le gouvernement conformément à la loi du 12 août 1876, a l'administration de la commune tout entière ; mais l'étendue de sa juridiction, qui comprend quelquefois jusqu'à 25,000 ou 30,000 hectares (2), et ses occupa-

---

(1) Voir la note Q.
(2) La commune de l'Oued-Zenati a 50,000 hectares.

tions personnelles ne lui permettent guère de donner des soins aux douars, qu'il ne visite pour ainsi dire jamais, et qu'il abandonne à des adjoints indigènes nommés, sur sa présentation, par le gouverneur général. Mandataires des colons, comment le maire et le conseil municipal pourraient-ils ne pas sacrifier à leurs intérêts ceux des Arabes? Ceux-ci paient l'impôt : les colons en disposent et en profitent.

J'ai dit plus haut que, comme le territoire militaire, le territoire civil comprend des communes mixtes. Leur organisation, en ce cas, subit quelques variantes. Le bureau arabe disparaît. Le commandant supérieur du cercle est remplacé par un administrateur civil auquel sont dévolues les attributions d'un maire. Il est assisté soit par un administrateur adjoint, soit par un secrétaire, et administre avec le concours d'une commission municipale dont les membres, tant Européens qu'indigènes, sont nommés par le Préfet et toujours révocables. Le nombre de ces membres est variable et déterminé par l'arrêté constitutif de la commune mixte. Il comprend autant d'indigènes qu'il y a de douars ou de sections, ces indigènes étant chargés en même temps des fonctions d'adjoints dans leurs douars respectifs.

L'institution des communes mixtes a eu pour double conséquence de désagréger la tribu et de faire disparaître la grande féodalité partout où ces communes ont été établies. Elle n'a pas supprimé les abus, parce que l'administration des douars est restée entre les mains de chefs indigènes (adjoints ou cheicks); mais ces chefs, choisis sans acception de classe, beaucoup moins puissants que les caïds, n'ayant ni leur luxe, ni leurs besoins, sans influence politique, faciles à remplacer, ne sont plus en position de donner aussi facilement libre cours à leurs caprices et à leur avidité; la modestie de leur situation leur impose des ménagements envers leurs administrés.

XIV

Quelques analogies qu'ait leur organisation, l'administration des communes mixtes, suivant qu'elles sont situées en territoire de commandement ou en territoire civil, présente des différences appréciables par suite du caractère et des habitudes propres à chacune des deux catégories de fonctionnaires qui sont à leur tête. J'ajouterai qu'au point où en sont les choses en Algérie, étant donnés, d'une part, la précarité des situations des bureaux arabes, appelées toutes à disparaître dans un temps prochain, et, d'autre part, comme conséquence, leur délaissement par beaucoup d'officiers de mérite, la comparaison est à l'avantage du régime civil. Il a pour lui l'avenir, gage essentiel de succès, des tendances plus démocratiques, des formes moins autoritaires et moins cassantes. Les réclamations des indigènes sont écoutées avec plus de patience ; elles ne leur attirent pas aussi facilement l'amende et la prison. L' « alfa » et la « diffa » n'y sont pas pratiquées. C'est une charge très-lourde qui pèse encore sur les indigènes du territoire militaire. Elle consiste dans l'obligation de loger et d'héberger, non seulement les représentants de l'autorité militaire en tournée, ainsi que leur suite, — hommes et montures, — mais encore leurs plus simples envoyés, spahis et kiélas (cavaliers). On voit de suite à combien d'abus ces prestations en nature doivent donner lieu de la part des chefs indigènes chargés de les répartir et de les prélever.

En présence de ces avantages, pourquoi les indigènes témoigneraient-ils du mauvais vouloir aux fonctionnaires civils ?... Une seule cause pourrait exciter leur défiance et leur hostilité : c'est qu'ils vinssent à être convaincus que ces fonctionnaires représentent la politique du refoulement (1).

En ce qui touche l'administration civile, j'ai encore un point à noter.

J'ai dit que l'autorité militaire était armée, vis-à-vis des indigènes, de pouvoirs de simple police lui permettant d'infliger, dans des limites déterminées, des amendes et de l'emprisonnement. Ce moyen d'action a été enlevé à l'administration civile, et cela la met, dans bien des cas, dans un état d'impuissance et d'infériorité fâcheux.

On a essayé d'y remédier en établissant toute une série de délits et de pénalités spéciale aux indigènes. C'est ce qu'on appelle « le code de l'indigénat. » Ainsi, sont punis d'amende et au besoin d'emprisonnement : les propos tenus contre l'autorité et ses représentants,

(1) Au début de l'établissement du régime civil, les Arabes, se plaçant, pour juger cette mesure, à leur propre point de vue, n'y ont vu généralement que le triomphe d'un çof sur un autre, du çof civil, représenté par M. Grévy, sur le çof militaire, représenté par le maréchal de Mac-Mahon.

la négligence à se présenter, après convocation, devant le maire ou l'administrateur, l'asile donné à des vagabonds sans en prévenir le chef de douar, etc... Mais ces peines, quelles qu'elles soient, ne peuvent être prononcées que par le juge de paix, et c'est à ce dernier que l'administrateur doit avoir recours quand il a à sévir contre un indigène.

Cette séparation des pouvoirs, excellente quand il s'agit d'une société organisée, présente plus d'un inconvénient, appliquée à une société à peine en voie de formation. L'étonnement des indigènes est profond, lorsqu'ils se trouvent en présence de chefs qui n'ont pas le droit de se faire obéir sur l'heure et qui sont obligés d'aller chercher ailleurs la sanction à l'exécution d'un ordre donné. A leurs yeux, l'autorité est une : si elle se dédouble, ils ne savent plus où la trouver.

Il est rare que la juxtaposition d'un administrateur et d'un juge de paix (surtout dans des circonscriptions où l'élément européen fait presque complètement défaut), ne soulève pas, de la part de l'un ou de l'autre, des prétentions à une situation prépondérante, et qu'ils se prêtent réciproquement l'appui qu'ils se devraient.

Lorsque cette rivalité se produit, il n'arrive que trop fréquemment de voir le juge de paix prendre un malin plaisir à innocenter les délits qui lui sont soumis, sans se soucier des conséquences déplorables que peut avoir cette manière d'agir. Les Romains, nos maîtres et nos prédécesseurs en fait de colonisation, n'admettaient pas de partage, et tous les pouvoirs se trouvaient concentrés entre les mains des proconsuls et de leurs délégués.

Les abus sont-ils bien à craindre avec le contrôle des

préfets et sous-préfets, et dans un milieu où, si faible qu'il soit, existe déjà un élément européen prêt à en saisir l'opinion publique? D'ailleurs, ne serait-il pas facile de prendre des garanties? Lorsqu'un administrateur aurait à prononcer une peine disciplinaire, ne pourrait-on, par exemple, exiger qu'il fût assisté de deux assesseurs, un Français et un Musulman (1)? Une pareille précaution ne serait-elle pas suffisante pour l'application de pénalités toujours légères?

Il ne faut pas croire, d'ailleurs, que l'institution des justices de paix, telle qu'elle fonctionne aujourd'hui, soit sans inconvénients. La plupart des magistrats qui en sont titulaires sont des jeunes gens envoyés de France pour faire un simple stage en Algérie, et y conquérir des titres à un avancement plus rapide. Ils sont, il est vrai, pourvus de leur diplôme de licenciés en droit; mais la connaissance de la langue, du caractère et des coutumes des indigènes ne vaudrait-elle pas mieux que ce titre?

Leur jeunesse est aussi une objection grave aux yeux des Arabes. Il ne faut pas oublier que leurs fonctions les appellent fréquemment à interroger ou à faire déposer des femmes. Or, c'est un point sur lequel tout musulman est extraordinairement chatouilleux. Qu'une femme soit obligée de se montrer en public à visage découvert, c'est presque un déshonneur pour les siens, et le mari reste en butte à des railleries qui ont abouti plus d'une fois à des coups de couteau.

_____

(1) Lorsque les tribunaux ordinaires sont saisis en appel des jugements rendus par les cadis, il leur est toujours adjoint des assesseurs musulmans.

Or, insouciance ou curiosité, nos jeunes magistrats
n'usent pas toujours à cet égard de tous les ménagements qu'il faudrait. Souvent, sur une simple dénoncia-
tion, ils font comparaître une femme arabe et l'obligent,
pour déposer, à abaisser son voile.

« Quand, en France, me disait un indigène, une
femme du monde se trouve mêlée à une affaire de justice, le juge, avant de la traduire à sa barre, s'entoure
de renseignements, la fait interroger chez elle par un
de ses auxiliaires. Eh bien! il faudrait agir avec toutes
les femmes arabes comme si c'étaient des femmes du
monde. »

Au point de vue de la maturité d'esprit et de la connaissance du pays, le recrutement des administrateurs
offre plus de garanties que celui des juges de paix. Ils
n'arrivent à la tête des affaires d'une commune mixte
qu'après un stage d'au moins dix ans dans l'administration algérienne, ou après avoir servi dans l'armée
d'Afrique. De plus, on exige d'eux la connaissance de
la langue arabe. Ces conditions, je le sais bien, n'ont
pas toujours été observées; mais c'est un tort, et il
serait bon d'y revenir.

En résumé, l'institution des communes mixtes et leur
rattachement au territoire civil doivent être envisagés
comme un progrès sérieux, et il ne semble pas que là
où l'élément colonial ne s'est pas encore suffisamment
développé, il soit possible de recourir à une organisation meilleure en principe. La seule chose à faire est
de la perfectionner et de la compléter.

Pour cela, on ne doit pas hésiter à attribuer aux administrateurs tout ou partie des pouvoirs de simple

police. Non seulement on affirmera par là leur autorité en lui donnant un caractère incontesté vis-à-vis des Arabes, mais on leur restituera, au point de vue de la police des douars, une source de précieux renseignements.

A la place des cheicks ou adjoints indigènes, qui n'apportent généralement aucune conscience dans l'exercice de leurs fonctions et ne fournissent à l'autorité que des renseignements faux ou intéressés, il faut mettre de véritables fonctionnaires pris, soit parmi les anciens sous-officiers de l'armée d'Afrique, soit parmi ceux des Arabes qui auront fait leurs preuves sous les yeux mêmes de l'administration et offriront ainsi de sérieuses garanties.

XV

Une bonne administration ne va pas sans un bon régime financier.

J'excéderais trop les limites que je me suis assignées si j'abordais ici l'examen des divers impôts arabes. La perception collective par les soins des chefs indigènes a fait place, en territoire civil, au rôle individuel dont le recouvrement est confié aux « receveurs des contributions diverses; » c'est un grand progrès. Mais, qu'ils soient un prélèvement sur les récoltes (l'achour (1) et

(1) Voir la note R.

le hokor) (1), un droit par tête de bétail (le zekkat) (2),
par pied de palmier (la lezma) (3), ou une capitation (4)
fixée d'après le degré d'aisance attribué aux individus,
tous les impôts arabes ont pour base des recensements
annuels dont la plupart des données sont fournies par
les cheicks. On voit de suite, sans qu'il soit besoin d'insister, quel instrument d'arbitraire et de concussion un
pareil rôle met à leur disposition.

Le jour où la propriété individuelle aura été constituée et le cadastre établi, l'impôt foncier pourra remplacer toute cette série de taxes dont la répartition est
impossible à contrôler. Calculé sur des bases fixes et
équitables, sans autre intervention que celle des agents
de la perception et du contrôle, il cessera de laisser le
champ libre à tous ces abus qui compromettent encore
aujourd'hui notre autorité, et rendent les charges fis-
cales écrasantes pour la population indigène.

Le Trésor y trouvera, lui, cet avantage d'avoir un
gage saisissable de la rentrée de l'impôt, gage qui, presque toujours, lui fait défaut dans les conditions actuelles.

XVI

Les indigènes de l'Algérie seront, je n'en doute pas,
conquis moralement à notre domination si nous savons

(1) Voir la note S.
(2) Voir la note T.
(3) Voir la note U.
(4) Voir la note V.

introduire dans notre système administratif les quelques réformes indiquées; mais si l'on veut accélérer
grandement ce résultat, il n'est qu'un moyen : c'est de
s'occuper sérieusement de l'instruction des enfants indigènes.

Il est douloureux de constater le peu que nous avons
fait à cet égard. Les choses en sont venues à ce point,
que les dialectes que l'on parle en Algérie sont en train
de se perdre en tant que langues écrites. Il n'y a plus
que de rares indigènes qui sachent les lire et les
écrire.

Pour une population de plus de 2 millions d'individus, nous possédions, il y a trois ans, dix-sept écoles
pour les garçons et une seulement pour les filles : ce
sont les chiffres officiels. Ces dix-huit écoles ne réu-
nissaient pas en tout 2,000 enfants, soit un enfant pour
1,000 habitants (1).

Je parle, bien entendu, d'écoles arabes-françaises ;
car pour les écoles exclusivement françaises, tous les
villages européens en sont pourvus, et l'Algérie, au
point de vue de l'enseignement primaire, occupe un
des premiers rangs dans le monde (2). Mais, pour les
indigènes, tout reste à faire, et tant que nous persévé-
rerons dans le système de colonisation que nous avons
adopté, les choses courront le risque de demeurer dans
le même état et, conséquemment, de s'aggraver, parce
que, en fait d'instruction, quand on ne marche pas on
recule.

(1) Voir la note X.
(2) L'Algérie compte aujourd'hui plus de 530 écoles publiques françaises, laïques ou congréganistes.

On ne saurait, en effet, abandonner d'une manière générale l'éducation des enfants indigènes à des instituteurs arabes : ce serait s'exposer à aller contre le but d'assimilation que nous poursuivons. Mais comment obtenir que des instituteurs 'français aillent s'exiler au milieu des tribus et y passer vingt années de leur vie, loin du commerce de leurs compatriotes, loin des secours médicaux, sans moyens de satisfaire, pour eux et leur famille, aux habitudes européennes, même en ce qui concerne l'alimentation?

On le voit, nous sommes, par chaque question, ramenés au même *desideratum :* le mélange des deux peuples. Quand la population indigène et la population européenne seront réunies dans les centres de colonisation, les écoles qui y existent devront sans doute rester sous la direction de maîtres français; mais il suffira que ces maîtres soient secondés par des adjoints indigènes, formés dans des écoles normales spéciales, et que, d'autre part, l'enseignement cesse d'être confessionnel, pour que ces écoles puissent recevoir indistinctement les enfants des races différentes. Au fur et à mesure que les centres se multiplieront, ce qui se fera d'autant plus vite que l'élément indigène concourra à leur formation, nous verrons l'instruction, ce moyen de civilisation puissant entre tous, se développer et produire des résultats de plus en plus féconds.

Quant à obtenir la fréquentation de l'école par les enfants arabes, rien ne sera plus facile, du moment qu'on en aura écarté tout ce qui pourrait froisser la conscience des indigènes. Les habitudes de déférence et de soumission de ces derniers vis-à-vis de l'autorité

sont telles, qu'ils accepteront avec bien plus de facilité
encore que nous-mêmes la loi qui rendra l'instruction
primaire obligatoire.

XVII

La question des travaux publics ne se rattache
qu'indirectement à mon sujet, et ce serait tomber dans
un thème banal que de chercher à faire ressortir à
quel point les voies de communication (routes, chemins de fer, etc.) par les facilités qu'elles donnent
aux échanges, et les ports par les débouchés qu'ils
procurent, influent sur la mise en valeur et le développement de la richesse d'un pays. Les indigènes pro-
fiteront comme les colons de ce développement, et
notre civilisation n'en deviendra que plus attractive pour
eux. C'est plaisir déjà de voir avec quel empressement
ils ont adopté le chemin de fer, la *machina*, comme
ils l'appellent; volontiers ils grimpent en wagon dans
le seul but de se promener.

En ce qui concerne les travaux publics, les Chambres,
il faut leur rendre cette justice, se sont montrées animées
vis-à-vis de l'Algérie des dispositions les plus libérales.
De nombreuses lignes de fer, dont plusieurs partent de
la côte et sont destinées à drainer les produits de l'intérieur et du sud, en même temps qu'à donner de plus
amples garanties de sécurité à la colonisation, ont été
classées d'intérêt général. Les études de plusieurs
d'entre elles sont terminées; des demandes de conces-

sion ont été déposées par des sociétés sérieuses et en possession de leur capital. On n'a plus dès lors qu'un souhait à former : voir les projets dont il s'agit sortir de la période d'incubation et aboutir le plus tôt possible.

Encore un mot avant de terminer. En Algérie, où l'on ne saurait songer à créer des canaux, et où par conséquent, sauf pour les lignes qui longent la côte, aucune concurrence sérieuse n'est possible, les tarifs des chemins de fer sont appelés à jouer un rôle encore plus considérable qu'ailleurs vis-à-vis de la production. Selon qu'ils seront tenus bas ou élevés, il peuvent la faire naître, l'activer ou l'enrayer ; par eux on dispose véritablement de l'avenir économique de la colonie. Le gouvernement, lors de la préparation des cahiers de charges, devra donc attacher à la question des tarifs une importance toute particulière, et se réserver plus d'initiative qu'il n'en a en France ; cela ne saurait souffrir de difficultés, puisqu'en tête de toutes les concessions figure la garantie de l'État.

XVIII

J'ai sommairement exposé l'organisme que nos essais successifs ont constitué en Algérie. J'ai relevé brièvement, dans cet organisme, les défectuosités et les lacunes qui m'ont paru de nature à compromettre l'avenir de notre colonie. Arrivés à ce point, il ne sera peut-être pas inutile de jeter un regard en arrière et de résumer nos conclusions.

La plus préjudiciable de nos erreurs, c'est à coup sûr d'avoir soumis le Berbère, agriculteur, démocrate et indévot, à l'autorité aristocratique et religieuse des chefs arabes. Qu'on se figure un paysan français, avec son sens égalitaire, livré tout à coup à un tyranneau ressuscité des pires temps de la féodalité !

Laissons jusqu'à nouvel ordre aux Arabes ces « seigneurs de la tente » qui leur conviennent encore, mais épargnons-les aux Berbères. Partout où ceux-ci vivent agglomérés sans mélange important de Français, il n'est qu'un régime convenable pour eux : la djemmâa, conseil municipal électif faisant les affaires de la communauté du village kabyle, doit former la base, la première strate du pouvoir social. Quant à la présidence de ce conseil et aux fonctions d'administrateur de la communauté, il convient de les laisser à un indigène choisi par ses collègues de la djemmâa; mais à côté de lui, il ne faut pas hésiter à placer un fonctionnaire français, chargé de toutes les attributions qui dérivent du pouvoir exécutif, chargé surtout de renseigner la haute administration sur ce qui se passe dans les douars, de dresser les statistiques, d'assurer l'exécution des réglements de police, etc., etc.

Le concours de ces nouveaux agents me paraît indispensable jusqu'à ce que nous soyons arrivés au dernier terme de l'assimilation, c'est-à-dire jusqu'à ce que la commune mixte, entièrement subdivisée en communes de plein exercice, ait cessé d'exister.

Djemmâas et commissaires des douars fonctionne-
raient d'ailleurs sous la tutelle et la surveillance des
administrateurs de la commune mixte, comme les djemmâas et les cheicks fonctionnent aujourd'hui. Les changements principaux consisteraient dans le retour au
principe électif et dans la substitution aux adjoints indigènes de fonctionnaires français investis de la délé-
gation du pouvoir central.

Le nomade, nous l'avons vu, ne connaît jusqu'ici que
l'autorité des hommes nobles de sa tribu, — noblesse
militaire ou noblesse religieuse, — et cette autorité, il la
conçoit absolue, sans limites autres que celles que la
conscience du chef doit y mettre. Au reste, l'existence
nomade, il faut le reconnaître, exige en effet que le con-
ducteur de la caravane soit investi d'un commandement
presque aussi illimité que celui d'un capitaine sur son
navire, en pleine mer. Les conditions que nous font ici
les instincts de la race et sa manière de vivre, accep-
tons-les dans la mesure compatible avec l'intérêt de
notre domination. Que l'Arabe soit administré, gouverné
en première instance par les « seigneurs de la tente, »
à la condition que nous les ayons choisis.

Toutefois, il ne faut pas nous dissimuler deux choses :
c'est que nous serons toujours responsables, jusqu'à un
certain point, devant les tribus, du mal fait par les
chefs que nous aurons nommés ; c'est en second lieu
que ces chefs, fort enclins naturellement à la tyrannie,
couverts par nous, nous sentant derrière eux, seront
souvent plus portés à commettre des rapines et des
excès.

Comment concilier notre responsabilité avec l'existence nomade des tribus? Les suivrons-nous pas à pas dans leurs migrations, ou les abandonnerons-nous complètement à l'arbitraire des chefs? Ni l'un ni l'autre. La plupart des tribus ont déjà, dans le Sahara et dans le Tell, des quartiers fixes d'hiver et d'été. Généralisons et codifions cette situation ; arrêtons d'une manière ferme les points où, au terme de chaque voyage, la tribu devra se retrouver en face de fonctionnaires français. Là, le caïd rendra ses comptes ; chaque khammès pourra produire ses réclamations. Un état civil et un journal de voyage régulièrement tenus permettront à l'autorité chargée de ce soin de veiller sur l'existence de chacun des membres de la tribu et de contrôler chacune des mesures prises par le chef.

Dès qu'il existera sur un point un nombre suffisant de colons français, il faudra sans hésiter établir une commune de plein exercice. Il n'y a d'acceptable pour les Français que le droit commun.

Un jour, sans doute, toutes ces communes, assimilées à celles de France pour le devoir comme pour le droit, s'imposeront des centimes additionnels, acquitteront leurs dépenses de leurs deniers propres, et s'entretiendront à leurs frais. En attendant, mon avis est que le gouvernement devrait les subventionner et les faire vivre, au lieu de leur donner des douars en pâture. Il faut que ce système prenne fin ; il n'est visiblement que l'exploitation du vaincu par le vainqueur. Pour que l'assimilation du vaincu commence, la guerre doit ces-

ser, et ce système est une forme sourde de la guerre.
Il n'indispose pas seulement les indigènes ; il tend à les
appauvrir. Quand des hommes savent que leurs dépenses sont soldées par d'autres, ils n'y regardent plus
et sont entraînés à dépenser toujours davantage, situation démoralisante pour eux, ruineuse pour leurs victimes. Or, ces victimes, ne nous lassons pas de le
répéter, ce ne sont plus des ennemis : ce sont des
membres de notre société, c'est l'un des facteurs de
notre colonie. « Manger des douars, » c'est tout sim-
plement manger la fortune de la France.

Le jour où l'attribution de la terre aurait lieu d'après
les principes que nous avons exposés, dans chaque
localité, une part du sol deviendrait la propriété légale
et définitive des indigènes, et l'autre part resterait disponible pour des colons français. Alors une situation
nouvelle ou rare en Algérie, en dehors des villes, y
apparaîtrait. On verrait un même canton rural occupé
par des propriétaires français et indigènes, et les deux
races, vivant ainsi côte à côte sur le pied d'égalité, se
mêlant, se pénétrant véritablement.

Quel traitement appliquerons-nous à cette situation,
la plus souhaitable de toutes ? Il ne faut pas l'aller chercher bien loin, ni se mettre en frais d'innovation. La
commune de plein exercice, modifiée comme nous l'a-
vons dit, s'adaptera très-bien à cette situation. Un trait
actuel de cette organisation sera à conserver, avec un
soin particulier, jusqu'à nouvel ordre. On sait que,
dans les communes de plein exercice, les indigènes éli-
sent des conseillers municipaux ; mais ils n'ont à leur dis-

position, conjointement avec les colons étrangers, que le tiers des places du conseil. On pourrait, tout en conservant la prépondérance à l'élément français, faire varier cette proportion d'un lieu à un autre, comme certainement on la fera varier avec le temps, en s'acheminant pas à pas vers l'égalité et la fusion des deux races.

La constitution de la propriété individuelle ne donnera pas seulement une assiette à l'état social ; elle en donnera une aussi au régime financier de l'Algérie, et l'on sait tout ce que ce régime a d'influence sur le développement ou la stagnation des forces productrices d'un pays. A des impôts multiples, mal équilibrés, mal répartis, ruineux pour les indigènes par les abus qu'ils permettent, désavantageux pour le Trésor dont les rentrées sont mal assurées, il sera aisé de substituer un impôt foncier aussi modéré, aussi supportable qu'on le voudra. Car, le lendemain du jour où, dans les trois provinces, la terre sera partout possédée à titre privé, l'enregistrement, dont les droits ne figurent à l'heure qu'il est que pour 8 millions environ dans les recettes du budget de l'Algérie, verra augmenter ses produits dans une proportion presque impossible à prévoir, bien que ces droits ne soient que la moitié de ce qu'ils sont en France, et que, frappant exclusivement les transactions, ils n'atteignent pas les héritages.

Enfin, l'instruction, pénétrant avec les colons au sein des tribus, rendue à bref délai obligatoire pour tous, pour les indigènes comme pour les Européens, com-

plètera et couronnera l'œuvre, et, sans repousser ni
sacrifier personne, ne laissera, après deux ou trois
générations tout au plus, subsister sur le sol de
l'Algérie que des citoyens français.

XIX

Dans l'examen que je viens de faire de l'administration algérienne, j'ai laissé de côté la haute administration. N'ayant qu'une action médiate sur la colonisation,
elle peut, plus facilement que les instruments qu'elle
met en œuvre et dont l'adaptation au but doit être aussi
précise que possible, varier dans sa forme et dans son
organisation.

Une seule condition est essentielle à son bon fonc-
tionnement : c'est une grande liberté d'allures. Une colonie en voie d'évolution ne se prête pas volontiers aux
lenteurs de l'intervention législative. Qui dit transformation dit tâtonnement. Mais, dès que l'expérience a
prononcé, il importe que la mesure suive. Les parle-
ments donnent plus volontiers leur attention aux questions qui intéressent la métropole qu'à celles qui intéressent les colonies. Si ces dernières n'avaient à
attendre que du législateur les solutions dont elles ont
besoin, elles risqueraient souvent de piétiner sur place,
et quand il s'agit de colonisation, ne pas progresser,
c'est reculer, c'est compromettre l'avenir.

Mais, chez un peuple qui se gouverne lui-même, le
régime des décrets ou des arrêtés, le seul qu'on puisse

concevoir en dehors de l'action législative, implique, de la part du pouvoir qui le pratique, une responsabilité en rapport avec l'initiative qui lui est laissée. Donc, quel qu'il soit, ce pouvoir doit toujours être prêt à rendre compte aux Chambres de tous ses actes, comme celles-ci doivent être constamment en mesure de le contrôler et de le juger.

Ici nous entrons dans le vif de la question. Les Chambres ont-elles, à l'égard de ce qui se passe en Algérie, des moyens d'information et d'appréciation suffisants pour exercer cette juridiction souveraine destinée à concilier tous les droits et tous les intérêts ? Il faut bien l'avouer, si rapprochée qu'elle soit de nous, l'Algérie est peu connue des Français, et quand une question qui la concerne s'agite au Parlement, il n'a généralement pour s'éclairer et former son opinion que les renseignements qui lui sont fournis par les représentants de la colonie. Mais ces représentants — est-il nécessaire de le rappeler ? — sont élus exclusivement par les colons français, les israélites et le petit nombre d'étrangers qui se sont fait naturaliser. Ils sont donc portés à s'inspirer avant tout des tendances et des intérêts de leurs commettants, intérêts qui ne sauraient se confondre en toute circonstance avec ceux de l'ensemble de la colonie.

On pourrait ajouter que l'étendue des circonscriptions, grandes chacune comme le cinquième de la France, les obstacles que les distances et l'absence encore fréquente de moyens de communication apportent aux rapports des candidats avec les électeurs ruraux, tendent à faire des députés algériens les re-

présentants plutôt des intérêts urbains que des intérêts agricoles. Mais en insistant sur ce point, j'aurais
l'air de vouloir mettre en question la représentation
algérienne, et cela est loin de ma pensée. Prématurées
ou non, il est des mesures sur lesquelles on ne revient
pas : la représentation des colonies au Parlement est
du nombre. Mais en ce qui concerne l'Algérie, il faudrait à sa représentation un complément, un contrepoids, si l'on veut, dans une combinaison qui assurerait
aux indigènes, du moment qu'ils doivent faire avec nos
nationaux partie intégrante de l'assiette définitive de
la colonie, sinon une représentation directe, du moins
le moyen de se faire entendre et de sauvegarder
ceux de leurs intérêts qui sont d'accord avec les
nôtres.

J'écarte l'hypothèse d'une représentation directe des
Arabes, d'abord parce qu'elle est contraire à notre sta-
tut constitutionnel, ensuite parce qu'elle présuppose
entre les douars de chaque province une entente et
une communauté de vues qui n'existent pas et que,
jusqu'à nouvel ordre, il ne serait pas d'une politique
prudente de faire naître. Mais déjà rien ne s'opposerait
à ce que le Sénat, qui dispose de siéges de sénateurs
inamovibles, en réservât un ou deux à des indigènes
naturalisés. Il est, parmi ces derniers, quelques hommes intelligents qu'une éducation toute française, la
fréquentation constante des Européens, l'étude et la
réflexion, ont amenés à comprendre qu'il n'y a plus
désormais, pour leurs coreligionnaires, d'autre ligne
de conduite possible que de chercher à identifier leurs
intérêts et leurs destinées avec les nôtres. Leur valeur,

la distinction de leurs manières, leur connaissance par-
faite de notre langue et de tout ce qui nous touche, leur
permettraient de tenir très-honorablement leur place
dans la haute assemblée, et il y aurait tout profit à entendre les renseignements qu'ils auraient à fournir dans
les débats où la question indigène se trouverait engagée.

Cette solution, toutefois, ne serait pas suffisante. Il
arriverait forcément à nos représentants de se trouver
placés entre des affirmations contradictoires de leurs
collègues algériens et des sénateurs arabes, et la situation ne laisserait pas que d'être embarrassante. C'est,
autant que possible, par eux-mêmes qu'ils doivent connaître l'Algérie. Pour cela, il n'est qu'un moyen : la vi-
siter et l'étudier sur place.

L'histoire ne pourrait-elle nous venir en aide pour
définir et réglementer l'action du Parlement vis-à-vis
de l'Algérie ? Quelle est, en définitive, la position légale
des Arabes ? Ils sont sujets français, en attendant qu'un
mélange plus intime, la possession de notre langue,
l'adoption de nos mœurs politiques permettent d'en
faire des citoyens comme nous. Ils sont donc, vis-à-vis
de la France, dans une situation comparable à celle
qu'avaient, avant 1789, nos ancêtres vis-à-vis de leur
gouvernement qui, conventionnellement comme de fait,
était un gouvernement absolu. A cette époque, la nation, représentée soit par les États des diverses provinces, soit même par les États généraux, n'avait aucune part à la confection des lois ; présenter des
cahiers de doléances, faire entendre des vœux, formu-
ler des propositions et des projets : les pouvoirs des
mandataires du pays n'allaient pas au-delà.

Le souverain, aujourd'hui, c'est le Parlement. Pourquoi ne choisirait-il pas dans son sein une grande commission qui se transporterait chaque année en Algérie, visiterait successivement les trois provinces, réunirait dans des centres désignés d'avance les délégués des douars environnants, recueillerait leurs plaintes et leurs vœux, et les ferait aboutir dans ce qu'ils auraient de légitime? Non seulement une telle institution serait rationnelle et conforme à nos traditions historiques, mais le renouvellement partiel des membres de la commission, auquel on pourrait procéder chaque année, permettrait à un grand nombre de sénateurs et de députés de s'initier directement aux affaires de l'Algérie, et au Parlement tout entier de les traiter désormais avec une compétence et une lucidité complètes.

XX

Il n'entre pas dans mon dessein de déterminer avec précision et détail tout ce qui pourrait être fait : je risquerais de tomber dans l'utopie ou dans le système. Il faut laisser à faire au temps et aux hommes. D'autre part, écrivant surtout pour ceux qui connaissent, au moins un peu, l'Algérie, j'apprécie nos institutions actuelles dans ce pays plutôt que je ne les expose. Mais il est un point qui, je l'espère, n'échappera pas au lecteur : retenu et réservé de parti pris quant aux moyens politiques à employer, je n'ai ni indécision ni doute sur la conduite à tenir à l'égard des indigènes. Impuissante, de par sa prospérité même, à fournir de nombreux colons, avertie par les périls les plus évidents de ne pas recourir à la ressource des colons italiens et espagnols, la France doit partager équitablement le territoire de l'Algérie entre ses nationaux et les indigènes. Il faut qu'elle considère ceux-ci comme l'un des facteurs indispensables, sinon comme le principal facteur de son expansion sur le continent africain.

Je ne crains pas de rencontrer sur ce point une opinion formellement contradictoire. Personne, ni en France ni en Algérie, ne s'élèvera pour proposer nettement de détruire les Arabes, les Kabyles, ou de les rejeter en bloc dans le désert. Cette thèse, en tous cas, ne serait pas acceptée de la France : celle-ci porte en elle un génie trop généreux et trop humain ! Mais, à franchement parler, ce que je redoute, c'est que ce pays, humain, mais parfois imprévoyant, incapable de concevoir la pensée d'une élimination systématique de l'élément indigène, ne maintienne une politique qui va sourdement, inconsciemment, à ce résultat. Ici, je ne puis ni ne veux atténuer ma pensée, affaiblir mes expressions. Nul ne dit : « Chassons, asservissons les indigènes; » mais, par une dépossession progressive, on leur ôte, de proche en proche, le sol nourricier. De propriétaires qu'ils étaient, on tend à les précipiter au rang de prolétaires. Là où on ne les dépossède pas, on dévore leur substance par des impôts mal fondés dont ils ne profitent pas, ou bien on les laisse dépouiller et abrutir par les tyranneaux arabes.

L'élément indigène, entre nos mains plus malavisées qu'inhumaines, n'est donc pas menacé d'une extinction subite et tragique; mais, resserré peu à peu, comprimé, amoindri, il étouffe. Et, n'en doutons pas, il se sent étouffer. La misère, le malaise, la diminution des naissances sont choses qui ne peuvent échapper à ceux qui souffrent. Il en est des races comme des individus : il ne se peut pas qu'elles déclinent et aillent à la mort sans s'en apercevoir. Or, toute créature vivante, soit homme, soit peuple, se défend de mourir par tous les moyens possibles. Nos indigènes se débattront : attendons-nous à des convulsions. Nous en viendrons finalement à bout, notre supériorité militaire nous le garantit. Mais, ce que ce succès final nous coûtera, qui peut le dire? Et les tragiques événements qui l'auront précédé, qui peut les prévoir? Sommes-nous, en Algérie, à l'abri de toute surprise? Un ennemi européen, en guerre avec nous, ne peut-il pas nous ménager là-bas une terrible diversion? Qui oserait affirmer que nos indigènes, tentant, dans certaines conditions, un coup désespéré, n'obtiendront pas, au premier moment, sur des points plus ou moins nombreux, un triomphe éphémère, stérile, mais horriblement sanglant, aux dépens de nos colons? Oh! assurément, ces massacres seront promptement et pleinement vengés! Le fer et le feu nous procurent de justes représailles; les populations sont décimées; on razzie leurs territoires; on brûle leurs villages et leurs moissons; on coupe leurs arbres; puis on séquestre leurs biens (1); on les charge de lourds impôts pour acquitter les frais de la guerre. Le désespoir et l'incurie — suite du dé-

(1) Voir la note Y.

sespoir — s'abattent sur ces races condamnées et, les
amoindrissant par degrés, tendent à nous délivrer de
cet embarras. . . . .

Sont-ce là des victoires à offrir en spectacle à l'Europe civilisée? Et finalement, qui aurons-nous vaincu,
si ce n'est nous-mêmes? Nous aurons ruiné notre colonie; nous nous serons enlevé à jamais les moyens
d'établir sur cette aire immense un peuple propor-
tionné à son étendue. Et non seulement nous aurons
laissé échapper cette inappréciable fortune d'élever
en Algérie une seconde France, mais du même coup
nous nous serons fermé l'accès de ce continent
mystérieux vers lequel toutes les puissances de l'Europe cherchent en ce moment même à se frayer
une route, nous qu'une situation privilégiée semblait
tout spécialement désigner pour y pénétrer. Ne
savons-nous pas, en effet, que par suite de la communauté d'origine et de religion, grâce surtout à l'action
des confréries fanatiques qui comptent de si nombreux
adeptes dans le Maghreb, le Sahara et le Soudan lui-
même (1), il ne saurait se produire sur la côte une agitation — on pourrait dire une émotion — qui ne reten-
tisse jusque dans les profondeurs du désert? Déjà une
catastrophe épouvantable nous a appris de quel esprit
de défiance et d'hostilité les tribus qui gardent le
Sahara sont animées à notre égard, quels obstacles et
quels périls rencontreront nos rapports avec elles.
Mais combien augmenteraient et se généraliseraient
surtout cette défiance et cette hostilité, s'il devenait

(1) Voir la note Z.

acquis que notre contact a pour conséquences inévitables l'asservissement et l'anéantissement de la race à laquelle ils appartiennent ! Et à quels auxiliaires d'ailleurs aurions-nous recours pour marcher à la conquête de cette Afrique centrale, but actuel de tant d'ambitions, et pour protéger les étapes de notre route ?

Si encore la France, en manquant un prodigieux accroissement, devait en être quitte avec le sort ! Mais le peuplement du Maghreb, la conquête du Soudan au profit de la civilisation européenne, sont des entreprises que l'intérêt de la race humaine commande, que l'expansion de l'Europe sur le reste du monde amènera infailliblement. Si la France paraissait décidément incapable de réussir cette œuvre nécessaire, un autre ouvrier se présenterait : ce serait l'Italie, l'Espagne, ou toute autre nation. Quel qu'il fût, cet agent aurait pour lui la bienveillance, la connivence de l'Europe, et ce serait juste. De quoi nous plaindrions-nous ? La civilisation a besoin, sur cette côte algérienne, d'un peuple fécond qui multiplie, qui couvre l'Afrique septentrionale de ses rejetons civilisés, ou qui sache civiliser ceux des races autochtones. L'œuvre que nous aurions manquée serait reprise par un autre que nous, et elle serait forcément reprise contre nous, par cela seul que nous occupons la place.

Comment, sous quelle forme l'Europe favoriserait-elle notre suppléant, — notre adversaire ? — Il est impossible de le prévoir, mais sa connivence ne serait pas douteuse. Nous aurions contre nous le véritable droit : l'intérêt du genre humain, et, vraisemblablement, nous n'aurions pas pour nous la force. Qu'adviendrait-il alors?.....

Puisque le rang, la situation de la France, en Europe même, peuvent un jour se trouver compromis par une conduite mal entendue de notre colonie algérienne, soyons attentifs et vigilants. Jusqu'ici nous avons tâtonné, essayé tantôt une voie, tantôt une autre. Voilà cinquante ans que ces essais durent; il est temps de prendre un parti décisif, d'adopter un système rationnel et de le suivre résolument. Ce système a été nettement indiqué, presque dès la première heure, par des esprits clairvoyants à la tête desquels se place le maréchal Bugeaud. Consistant essentiellement dans la conciliation de l'intérêt bien entendu de nos colons avec celui des races indigènes, il est le seul qui satisfasse à la justice en même temps qu'à la raison. Il n'est, si l'on peut ainsi parler, que la grande route du bon sens et de l'humanité. Que le gouvernement de la République s'y engage avec décision, et, à la gloire d'avoir réparé nos désastres, il unira celle d'ouvrir à la France des horizons encore pleins de grandeur.

APPENDICE

Note **A.**

Les montagnes du Tell aboutissent par étages successifs à une vaste dépression qui court de l'est à l'ouest et dont, sauf pour le bassin du Hodna, qui est plus bas, l'altitude varie entre 700 et 1,000 mètres. C'est ce qu'on appelle la région des Hauts-Plateaux ou des Chotts, du nom des lacs saumâtres qui en remplissent les cuvettes. Les Hauts-Plateaux forment, au point de vue hydrologique, un bassin ou plutôt une série de bassins indépendants dont les eaux alimentent les Chotts. Un seul de leurs cours d'eau, le Chélif, est parvenu à percer leur crête septentrionale, et, après avoir arrosé une vaste plaine qu'il fertilise, va se jeter dans la Méditerranée, aux environs de Mostaganem.

Le sol des Hauts-Plateaux est tout entier constitué par des alluvions limoneuses, et serait d'une fertilité exceptionnelle sans les variations énormes de température qui s'y produisent, même dans une seule journée, et qui empêchent la plupart des cultures végétales d'y réussir. Ces variations s'expliquent par l'altitude, la limpidité de l'atmosphère et l'action du rayonnement nocturne sur des surfaces à peu près horizontales et que rien ne protége. Il n'est pas douteux que le reboisement ne puisse très-avantageusement modifier cette situation et faire au contraire des Hauts-Plateaux une région très-saine pour les colons, qui y retrouveraient, à raison de l'altitude, à peu près les conditions climatériques de l'Europe.

Dans leur partie ouest surtout, les Hauts-Plateaux produisent des quantités d'alfa considérables. Les exportations annuelles de cette graminée dépassent déjà 60,000 tonnes.

Note B.

Pour grouper tous les éléments du peuplement français, il faudrait, aux 1,640 émigrants demeurés en Algérie, en 1879, ajouter :

1º L'excédant des naissances sur les décès
(population française). . . . . 1,075 individus.

2º La naturalisation 417   —

Ce qui donne un total général de. . . . . 3,132 individus.

Note C.

Il est étonnant qu'on n'ait pas songé à utiliser d'une manière générale, pour le peuplement de l'Algérie, les nombreux enfants qu'élève en France l'assistance publique.

Pourquoi ne pas fonder à leur intention, dans notre colonie, des établissements agricoles ? On les y transporterait vers leur douzième année ; on leur y donnerait l'instruction professionnelle ; un peu plus tard, on les placerait dans des exploitations particulières. Puis, quand ils se marieraient, on les pourvoirait d'une concession en y joignant une mise de fonds pour les aider à s'établir. Leur sort, dans ces conditions, ne serait-il pas préférable à celui qui, dans les trois quarts des cas, leur est réservé en France, et l'Algérie n'y gagnerait-elle pas une pépinière permanente de colons ?

Note D.

Les vestiges, si nombreux en Algérie, de l'occupation romaine sont, aux yeux des indigènes, autant de titres établissant notre droit

de suzeraineté. Ne sommes-nous pas des Roumis, descendants
et successeurs des Romains ? N'avons-nous pas même nom, même
écriture et presque même langue que les anciens maîtres de l'Afrique ? Aussi ne saurait-on se faire une idée du soin jaloux avec lequel,
au début de la conquête, les Arabes cherchaient à nous dissimuler
les ruines et les inscriptions romaines, de la répugnance qu'ils
mettaient à nous guider vers ceux de ces monuments que nous
avions découverts en dépit d'eux.

Note **E.**

« L'Algérie, définitivement soumise, devant devenir une terre
française, nous n'avons que le choix entre deux systèmes : soit peupler la colonie, comme on a peuplé l'Amérique du Nord, avec des
éléments européens, sinon entièrement français, à l'exclusion des
races indigènes musulmanes, qui seraient condamnées à s'éteindre
peu à peu ; soit, en francisant ces deux races indigènes, les assimiler aux races européennes, les fusionner progressivement en
un même peuple sur lequel l'élément français imprimerait son
caractère dominant.

« Autant qu'on peut en juger par ses actes, l'administration
paraît aujourd'hui pencher vers la première combinaison, sans en
reconnaître ou sans en avouer toutefois les conséquences fatales.

« En stimulant par tous les moyens la population française à
s'implanter en Algérie, à en cultiver le sol, elle annonce, il est vrai,
n'avoir d'autre intention que de faire contrepoids aux races indigènes, sans projet préconçu d'arriver jamais à l'annihilation et à
la destruction de ces dernières. Tel devrait être cependant le résultat final de l'entreprise, si le programme actuel pouvait être suivi
jusqu'au bout.

« Sans nous arrêter pour le moment à faire ressortir tout ce
qu'aurait de barbare, de cruel, de contraire aux sentiments innés
de justice et d'humanité qui ont toujours caractérisé notre nation,
un système visant froidement la destruction lente ou rapide de tout

un peuple, ce système ne saurait être appliqué que si nous disposions d'un courant considérable d'émigration]naturelle, qu'on ne saurait attendre de notre organisation sociale actuelle. »

(DUPONCHEL. *Le chemin de fer Trans-Saharien.*)

Note **F.**

A la date du 31 décembre 1878, 6,659 familles agricoles, dont 3,056 immigrantes et 3,603 algériennes, formant une population de 25,610 individus, étaient installées en Algérie. Elles se répartissaient comme suit entre les trois provinces :

Département d'Alger.	1,014 familles immigrantes 1,202 — algériennes	représentant 8,097 individus.
Département d'Oran.	747 familles immigrantes 739 — algériennes	représentant 6,080 individus.
Département de Constantine.	1,295 familles immigrantes 1,662 — algériennes	représentant 11,433 individus.

Note **G.**

« En fait et en résumé, nous avons en Algérie un noyau peu considérable de population française, qui, pour la majeure partie, s'adonne à des professions industrielles ou commerciales dont on aurait tort de mépriser les services réels; qui, pour une faible part, s'occupe d'exploitation agricole : soit à titre de grands propriétaires possédant de vastes étendues de terrains qu'ils font rarement valoir par eux-mêmes, qu'ils afferment pour la plupart à des étrangers ou à des indigènes ; soit à titre de colons ou de petits propriétaires exploitant plus ou moins directement leur concession avec le concours des indigènes ; mais nous n'y possédons et n'y possèderons jamais, à titre français, cette classe, si indispensable aux travaux de l'agriculture, que l'on pourrait appeler le prolétariat agricole, représentant les valets de ferme et de charrue, les bergers, les journaliers à gages, qui, dans les conditions actuelles, ne sont et de longtemps ne pourront être que des étrangers, et bien plus encore des indigènes. »

(DUPONCHEL. *Le chemin de fer Trans-Saharien*.)

Note **H.**

La dépense résultant de la constitution de la propriété, telle qu'elle s'opère en ce moment, s'élève à 5 fr. 48 par hectare, savoir : 1 fr. 28 pour les travaux du commissaire enquêteur, 4 fr. 20 pour ceux des brigades topographiques. On voit que l'ensemble de l'opération entraînera des frais énormes. Il convient d'ajouter que certains tarifs procurent des rémunérations excessives, notamment ceux des levés généraux. Il y a des chefs de brigade qui ont gagné jusqu'à 125,000 fr. dans une année, et de simples arpenteurs sous leurs ordres 25,000 et 30,000 fr. Il reste à savoir comment le travail a été fait.

Note **I.**

Il est impossible de mettre en relief cette inconséquence d'une façon plus frappante que ne l'a fait le gouverneur général de l'Algérie, dans un discours prononcé au concours régional de Bône en septembre 1879 :

« On parle beaucoup, Messieurs, de la constitution de la propriété individuelle chez les indigènes. Nous avons fait une loi sur la matière en 1873. Nous verrons bientôt comment elle fonctionne, les résultats qu'elle a produits, les modifications qu'elle appelle. Mais dès maintenant je vous dis : ces indigènes, chez lesquels vous voulez très-sagement constituer la propriété individuelle, ne sont pas des individus, des individus marqués d'un signe authentique et reconnaissable : ils n'ont pas d'état civil ! Comment songer à établir sérieusement et d'une façon durable la propriété individuelle, quand, à la mort de celui sur la tête duquel on l'aura plus ou moins clairement assise, on ne connaîtra ni le nombre, ni le nom des enfants qui viendront lui succéder? C'est la confusion qui recommence. »

Note J.

J'extrais d'une statistique officielle le relevé ci-après des instruments agricoles possédés par les indigènes :

Charrues.	212,822
Herses, rouleaux, semoirs à cheval.	1,566
Chariots, charrettes et tombereaux.	762
Faucheuses, râteaux à cheval, moissonneuses . .	5
Machines à battre : à vapeur, à manége.	5
Tarares, égrenoirs, hache-paille, coupe-racines .	64
Égrappoirs, fouloirs à raisins, pressoirs	352
Égreneuses à coton, broyeuses et teilleuses à lin .	265

Note K.

« Il est impossible de ne pas être frappé du danger imminent qui devrait résulter, pour notre colonisation, de cet antagonisme systématiquement maintenu entre deux populations d'origine différente, dont l'une, la moins nombreuse et la moins acclimatée, serait, en suivant les errements actuels, appelée à rester dominante et à occuper à son profit toute la propriété du sol cultivable, tandis que l'autre, la plus nombreuse et la plus vivace, peu à peu dépossédée par voie de cantonnement, de séquestre ou d'expropriation, serait condamnée à vivre sur son propre sol dans un état de dégradante misère, pire que celui des ilotes de l'antiquité ou des parias de l'Inde moderne, dont l'infériorité sociale est tout au moins consacrée et jusqu'à un certain point légitimée par une communauté de croyance religieuse. »

(DUPONCHEL. Le chemin de fer Trans-Saharien.)

Note L.

ÉTAT <i>indiquant en millimètres la quantité de pluie tombée en Algérie, pendant l'année 1879, dans les stations ci-dessous :</i>

STATIONS.	QUANTITÉ DE PLUIE.	STATIONS.	QUANTITÉ DE PLUIE.
Nemours	225,7	Sidi-bel-Abbès	260,4
Oran	305,7	Miliana	729,0
Ténez	315,0	Tizi-Ouzou	728,3
Cherchell	503,3	Fort-National	982,1
Boufarik	552,5	* Sétif	285,1
Alger (ville)	636,3	Constantine	408,5
Mustapha-Supérieur	726,2	* Géryville	126,0
Bougie	1,037,3	* Aflou	312,7
Philippeville	866,9	* Djelfa	175,6
La Calle	932,9	** Biskra	54,8
Tlemcen	524,2	** Laghouat	46,6

Les noms qui n'ont pas d'astérisque se rapportent aux stations situées dans le Tell (plaine ou montagne).

L'astérisque simple indique les stations des Hauts-Plateaux (Sétif est sur la limite).

La double astérisque indique les stations de la région saharienne.

Note M.

Les barrages ont été appliqués, sur plusieurs points, à l'aménagement des eaux. Je citerai ceux de l'Oued-Meurad, de l'Habra, du Sig, du Tlélat, de la Djidiouia, du Hamiz. Mais les vallées en Algérie sont généralement très-étroites ; elles constituent des coupures plutôt que des vallées proprement dites. Pour emmagasiner des volumes d'eau suffisants, il faut donc donner aux barrages des hauteurs considérables ; il en est, en effet, qui atteignent jusqu'à 60 et 80 mètres. Il en résulte de sérieuses difficultés pour la manœuvre des vannes, laquelle ne se trouve pas toujours régulièrement assurée.

A un autre point de vue, les barrages sont alimentés par des eaux qui ont parcouru, en les ravinant, des pentes rapides, et se sont par conséquent saturées de matières terreuses. L'envasement se fait donc très-vite, et comme les dépôts subissent une très-forte pression de la part de la couche d'eau, ils acquièrent une consistance qui rend le curage difficile, à ce point qu'à l'heure qu'il est le problème est encore à résoudre.

Chaque barrage peut pourvoir, au plus, à l'irrigation de quelques milliers d'hectares, tandis que la dépense atteint plusieurs millions. Ainsi la réserve du barrage du Hamiz arrose 3,300 hectares, et les frais de construction ont dépassé 3 millions. Indépendamment des difficultés pratiques que j'ai signalées tout d'abord, on se rend donc parfaitement compte que ce soit un mode d'aménagement des eaux impossible à généraliser, et que le reboisement soit en définitive le seul moyen efficace de combattre la sécheresse.

Note **N**.

Situation, en 1879, du bétail de toute espèce appartenant aux indigènes.

Race chevaline.	137,000	têtes.
— mulassière	119,000	—
— asine	179,000	—
— caméline.	195,000	—
— bovine.	1,069,000	—
— ovine	8,550,000	—
— caprine.	3,409,000	—

Les exportations annuelles, pour ce qui regarde la race ovine seule, s'élèvent à 800,000 et 900,000 têtes, et 10 à 11 millions de kilogrammes de laine.

Note **O**.

L'institution des cadis est antérieure à la conquête. Nous savons que, dans la société arabe, telle que nous l'avons trouvée, le chef de la tribu était investi d'un pouvoir absolu. Il avait donc droit de haute et basse justice. Mais, comme pour appliquer la loi il faut au moins la connaître un peu, le noble arabe, souvent illettré, avait auprès de lui son docteur en droit, son *cadi*, rendant la justice en son nom, et remplissant en outre les fonctions de notaire et de secrétaire intime. Nous avons, après la conquête, cherché a faire du cadi un magistrat indépendant; mais, au fond, le cadi est resté à peu près ce qu'il était, c'est-à-dire un justicier indigène, tout dévoué à son seigneur et parfaitement indigne de ce titre de magistrat que nous lui avons décerné.

Note P.

Les soulèvements de la Kabylie et de l'Aurès n'ont pas eu, en réalité, d'autre cause fondamentale.

A cet égard, je laisse parler M. Masqueray, aujourd'hui directeur de l'École supérieure d'Alger, et auteur d'une étude très-intéressante sur les Ouled-Daoud :

« On désira donner une loi aux Aurasiens, et la loi qu'on choisit fut précisément la loi musulmane dont ils s'étaient défaits. C'est bien nous, en effet, qui leur avons imposé les q'âdis en 1866.

« Quand on voulut se mettre en relations suivies avec eux, on ne leur parla que la langue religieuse du Qor'ân, au lieu de leur parler leur langue indigène.

« Ils avaient de petits saints locaux inoffensifs, à la façon des saints d'Espagne et d'Italie : on leur fit la guerre, et, centralisant ainsi par ignorance, à notre grand détriment, on poussa leurs dévots vers les confréries des Khouân. Il ne serait pas excessif de dire que nous avons islamisé l'Aurès.

« On ne s'occupa ni d'y tracer des routes, ni d'y créer des marchés et des écoles, ces puissants instruments de civilisation.

« Au point de vue purement politique, on en vint à remettre le commandement des diverses régions aurassiques à des personnages de provenance très-diverse.

« Le qâid des Oudjanas, celui des Beni-bou-Sliman, sont d'origine turque.

« Quant aux Ouled-Daoud, ils furent livrés au qâid Bou-Diaf, lequel vint habiter Batna, où il se tenait exclusivement.

« Il est aisé de s'expliquer comment ils ont pu fournir une bande de partisans qui est allée assaillir Bou-Diaf, au bordj de Rebâa, à l'entrée de leur territoire. Bou-Diaf était fils et petit-fils des ennemis invétérés de l'Aurès, au service des Turcs et des nôtres. »

Voilà pour les causes générales du mouvement. Quant aux causes occasionnelles, elles ont été déterminées par une enquête qui eut lieu aussitôt après la pacification du pays.

L'autorité militaire avait eu le double tort de confier le caïdat des Beni-bou-Sliman au turc Bach-Tarzy, lequel avait dû quitter, quelques années auparavant, le caïdat de Khenchela, à la suite de nombreuses exactions, et celui des Ouled-Daoud au fils du vieux Bou-Diaf, jeune homme de vingt-deux ou vingt-trois ans, cerveau obtus, mélange de brute et de débauché, sorte de Caligula arabe, qui vint avec toute sa suite s'installer au milieu de la tribu, l'écrasant de réquisitions, menant joyeuse vie, battant les hommes, caressant les femmes. Une seule chose étonne : c'est que de pareils faits aient pu se prolonger durant des mois.

Note Q.

L'octroi de mer est un impôt établi sur certains produits et certaines denrées importées en Algérie, et dont la perception s'effectue au moment de l'entrée dans la colonie. Il n'était perçu à l'origine, ainsi que l'indique son nom, que sur le littoral; mais un décret du 11 août 1853 l'étendit aux frontières tunisienne et marocaine.

Le produit de chaque province est centralisé et réparti entre toutes les communes de cette province (communes mixtes ou communes de plein exercice), au prorata de leur population. Dans le décompte de la population, chaque Français et chaque étranger sont compris pour une unité; les musulmans et les israélites, au contraire, ne sont admis : dans les communes de plein exercice que pour le huitième de leur population effective, et dans les communes mixtes pour un quarantième.

Le produit de l'octroi de mer constitue une des ressources les plus importantes des municipalités algériennes; il atteint, en effet, pour certaines communes un chiffre considérable, et assure à celles mêmes qui sont les moins peuplées un revenu relativement important. Les communes indigènes n'étant pas comprises dans la répartition de l'octroi de mer, toute extension du territoire civil a pour conséquence une diminution dans les revenus des communes mixtes et de plein exercice déjà existantes.

En 1879, l'octroi de mer a donné 4,617,000 fr. (produit brut).

Note **R.**

L'achour est l'impôt établi sur les grains. Cet impôt, qui est fixé au dixième du produit net de la récolte, dépend naturellement de l'étendue du terrain cultivé et du rendement de la terre, c'est-à-dire de la qualité de la récolte.

Pour établir l'assiette de l'achour, on a pris comme unité de surface la charrue, mesure agraire connue des Arabes et adoptée de tout temps. La charrue représente l'étendue qui peut être cultivée par une paire de bœufs pendant la saison des labours ; sa superficie est en moyenne de dix hectares. Chaque année, le conseil de gouvernement apprécie le rendement de la récolte et qualifie celle-ci de *très-bonne, bonne, assez bonne, mauvaise* ou *nulle*. Chacune de ces qualifications comporte un tarif différent.

L'achour est généralement perçu en argent. Les tarifs de conversion en argent sont établis par arrêté du gouverneur général et d'après le cours moyen des mercuriales.

Note **S.**

Le hokor n'est pas, à proprement parler, un impôt : c'est le prix de fermage des terres appartenant à l'État qui sont exploitées à titre permanent par des indigènes.

Le hokor est spécial à la province de Constantine. Il se compose d'une redevance fixe par charrue et est perçu en sus de l'achour.

Note **T**.

Le zekkat (impôt sur les troupeaux) est établi par chaque tête de bétail, suivant un tarif fixé, chaque année, par arrêté du gouverneur général.

Les tarifs actuellement en vigueur sont les suivants :

Chameaux (par tête).	4 fr.	»
Bœufs.	3	»
Moutons.	»	20
Chèvres	»	25

Note **U**.

La lezma (obligation) se dit plus particulièrement de l'impôt perçu dans le sud des départements d'Alger et de Constantine sur les palmiers.

Chaque pied d'arbre en rapport doit une taxe qui varie de territoire à territoire. Les taxes en vigueur fixées à différentes époques sont de 25, 30, 35, 40 et 50 centimes par pied. Dans certaines parties de nos possessions, toutefois, quelques territoires sont assujettis à des sommes fixes qui peuvent être considérées comme de véritables tributs, et qui sont arrêtées pour une période de temps variant de cinq à dix années.

Ces sommes sont calculées tantôt d'après le nombre des palmiers en rapport, tantôt d'après le nombre des palmiers et celui des bestiaux.

Note **V**.

Le droit de capitation, qu'on appelle aussi lezma de capitation, est un tribut individuel qui fut imposé après la conquête de la grande Kabylie aux populations indigènes de cette région.

Dans chaque tribu, les hommes susceptibles de porter les armes, c'est-à-dire en âge de concourir aux charges de la commune, furent divisés, suivant leur position de fortune, en quatre catégories. La dernière de ces catégories, comprenant les gens les plus pauvres, fut déclarée exempte de toute redevance. Quant aux trois autres, elles furent taxées suivant un tarif variant de 15 à 5 fr. par individu.

L'impôt de capitation n'avait été établi qu'à titre provisoire et pour donner le temps de procéder à un recensement régulier des matières imposables dans chaque tribu; mais, rien n'étant généralement plus durable que le provisoire, il est encore en vigueur.

Note X.

Indépendamment des quelques écoles franco-arabes qu'entretient le gouvernement, il subsiste en Algérie un nombre assez considérable d'écoles purement arabes où s'enseignent, sous la direction de lettrés indigènes ou thalebs, la lecture, l'écriture et le Coran. Ces écoles, appelées zaouïas, sont parfois aussi des sortes de séminaires où se forment des marabouts. On compte en ce moment à peu près 800 zaouïas. Elles ne sont pas soumises à l'autorité académique; et, souvent établies à dessein dans l'éloignement des centres français, elles échappent à toute surveillance. Aussi n'est-il pas rare qu'elles deviennent des foyers de fanatisme où s'entretient l'esprit d'insurrection, et d'où part, à un moment donné, le mot d'ordre qui appelle les croyants aux armes. L'autorité devrait poursuivre la fermeture de ces établissements, en les remplaçant, au fur et à mesure, par des écoles franco-arabes. L'instruction qu'y reçoivent les étudiants arabes est d'une insuffisance dérisoire. La confiscation, par le gouvernement français, des biens *habou*, dont une partie des revenus servaient à l'entretien des zaouïas, a amené la dispersion des maîtres et professeurs. Aujourd'hui un grand nombre de ces écoles ne répondent plus à leur destination primitive, et sont devenues la demeure de marabouts et des refuges où reçoivent l'hospitalité, non seulement les voyageurs, mais toute espèce de gens.

Note Y.

En vertu de l'ordonnance du 31 octobre 1845, complétée par l'arrêté du 31 mars 1871, les biens des indigènes ou des tribus, ayant commis directement ou indirectement des actes d'hostilité contre la France, peuvent être frappés de séquestre par un arrêté du gouverneur général, approuvé autrefois par le ministre de la guerre, aujourd'hui par le ministre de l'intérieur. Dans un délai de deux ans, accordé aux intéressés pour produire leurs réclamations, ces biens sont définitivement acquis au domaine. La loi du 17 juillet 1874 assimile à un acte d'hostilité le fait d'avoir allumé des incendies par malveillance. Un peu plus tard, le décret du 30 juillet 1877 est venu atténuer la rigueur de ces dispositions, en accordant aux indigènes la faculté de racheter leurs biens séquestrés moyennant le paiement d'une somme égale à la valeur de ces biens.

Note Z.

Les membres des ordres ou confréries religieuses musulmanes portent le nom générique de *khouan* ou *frères*. Les rites, les règles et les statuts diffèrent pour chaque ordre.

Les ordres auxquels sont affiliés les Algériens sont au nombre de sept. On compte ceux : d'Abdelkader-el-Djilani, de Moulaï-Taïeb, de Sidi Mohammed-ben-Aïssa, de Sidi Mohammed-ben-Abder-Rahman, de Sidi Ahmed-Tedjani, de Sidi Youcef-el-Hamsali, et des Derkaoua.

Le fondateur de chacun de ces ordres a reçu en songe de Mohammed en personne ses rites, ses règles et ses statuts. Chaque ordre relève d'un *khalifa*, supérieur général ou grand-maître, descendant souvent du marabout fondateur et résidant dans le lieu où l'ordre a pris naissance. Des *cheikhs* ou *mokaddems*, directeurs provinciaux en nombre indéterminé, administrent chacun une circonscription plus ou moins étendue. Le *cheikh* a sous ses ordres d'autres agents secondaires.

Les règles dont l'accomplissement détache les *khouan* du monde réel, les absorbe dans la contemplation, leur retire le libre arbitre et les rend parfaits, sont : le renoncement au monde, la retraite, la veille, l'abstinence, l'oraison continue, les réunions à jours fixes pour célébrer les louanges de Dieu, de Mohammed et du fondateur de l'ordre.

Les *khouan* se rassemblent généralement les vendredis, dans la mosquée, dans la zaouïa ou chez le *cheikh* ou *mokaddem* de l'ordre. Ils viennent y raviver leur foi et leur enthousiasme dans la communauté de la prière, des chants ou des pratiques étranges comme celles qui sont particulières aux *Aïssaoua*.

Le futur *khouan* se prépare à entrer dans l'ordre par la prière, le jeûne et l'aumône. Introduit auprès du *cheikh*, il lui demande l'initiation, promettant soumission et fidélité à la règle et aux pratiques de la confrérie. Le *cheikh* prend alors les mains du postulant, les serre dans les siennes, lui donne la profession de foi et les instructions qui peuvent se résumer par la première : « Que ton attitude en présence du cheikh soit celle de l'esclave devant son roi, » et par cette dernière : « Sois entre les mains de ton cheikh comme est un cadavre entre les mains du laveur des morts. » (*Perinde ac cadaver.*)

Les femmes sont reçues dans les corporations religieuses ; elles ont alors pour chefs des femmes, et prennent entre elles le nom de sœurs.

TABLE DES MATIÈRES.